# NUESTRA NEGRA

## O

## ESBOZOS DE LA VIDA DE UNA NEGRA LIBRE

BIBLIOTECA JAVIER COY D'ESTUDIS NORD-AMERICANS

http://puv.uv.es/biblioteca-javier-coy-destudis-nord-americans.html

DIRECTORA
Carme Manuel
(Universitat de València)

# NUESTRA NEGRA

## O

## ESBOZOS DE LA VIDA DE UNA NEGRA LIBRE

Harriet E. Wilson

Traducción y estudio crítico de Carme Manuel

**PUV**
VNIVERSITAT
ID VALÈNCIA

*Nuestra Negra, o esbozos de la vida de una negra libre*
© Carme Manuel

ISBN: 978-84-1118-651-3 (papel)
ISBN: 978-84-1118-652-0 (ePub)
ISBN: 978-84-1118-653-7 (PDF)
Depósito legal: V-4472-2025

https://doi.org/10.7203/PUV-OA-9788411186537

Imagen de la cubierta: Ernestina de Diego
Diseño de la cubierta: Celso Hernández de la Figuera

Publicacions de la Universitat de València
http://puv.uv.es
publicacions@uv.es

Impreso en España

# Índice

Introducción ......................................................................... 11

*Nuestra Negra, o esbozos de la vida de una negra libre* ............................. 47

# OUR NIG;

OR,

## Sketches from the Life of a Free Black,

IN A TWO-STORY WHITE HOUSE, NORTH.

SHOWING THAT SLAVERY'S SHADOWS FALL EVEN THERE.

BY "OUR NIG."

"I know
That care has iron crowns for many brows;
That Calvaries are everywhere, whereon
Virtue is crucified, and nails and spears
Draw guiltless blood; that sorrow sits and drinks
At sweetest hearts, till all their life is dry;
That gentle spirits on the rack of pain
Grow faint or fierce, and pray and curse by turns;
That hell's temptations, clad in heavenly guise
And armed with might, lie evermore in wait
Along life's path, giving assault to all."— HOLLAND.

BOSTON:
PRINTED BY GEO. C. RAND & AVERY.
1859.

# Introducción

*Los Estados Unidos durante la década anterior a la Guerra Civil*

Harriet E. Wilson publica *Nuestra Negra, o esbozos de la vida de una negra libre en una mansión blanca de dos plantas en el Norte, que atestiguan que las sombras de la esclavitud se alargan incluso hasta allí* (*Our Nig; or, Sketches from the Life of a Free Black, in a Two-Story White House in the North. Showing that Slavery's Shadows Fall Even There*) en un momento, el año de 1859, decisivo para la vida nacional norteamericana de la primera mitad del siglo XIX, y concretamente, en el medio justo de la crisis política que acarrea el debate sobre la esclavitud.

Durante la década de 1840 Estados Unidos había adquirido nuevos territorios. El tratado de Guadalupe Hidalgo, de 1848, otorgaba a la nación los territorios de las Californias, Nevada, Utah, gran parte de Nuevo México, Arizona, y parte de Colorado y Wyoming. Se planteó, entonces, el debate sobre la constitucionalidad de prohibir o no la esclavitud en estas extensiones, y se defendió que fueran tierra libre, no tanto por suprimir la esclavitud, como para que fuesen ocupadas por colonos blancos norteños. La oposición a la esclavitud giró entonces alrededor de tres denominadores: la obtención de tierra libre para mano de obra blanca, la oposición al poder político esclavista sureño para que no prosperara, y el firme objetivo de asegurar la supremacía norteña dentro de la Unión. La década de 1850, la anterior al estallido de la Guerra Civil, comenzó, pues, con la controversia sobre la expansión de la esclavitud en los territorios recién adquiridos del suroeste. Así tuvo lugar el Compromiso de 1850, presentado por Henry Clay, que intentaba terminar con la lucha sobre la extensión territorial de la esclavitud, tema que había dividido al Congreso. Según las resoluciones de dicho convenio, California fue admitida en la Unión como estado libre, Nuevo México y Utah decidirían si se organizaban como territorios esclavistas o no, el distrito de Columbia abolía el comercio de esclavos, el Congreso no interfería en el comercio de esclavos entre estados, y se recrudecía la ley vigente de esclavos fugitivos de 1793. El compromiso no satisfizo a los extremistas de ambas secciones: los delegados de los nueve estados sureños se manifestaron contrarios a unas condiciones que restringían los derechos de los propietarios de esclavos a trasladarse a los distintos territorios nacionales, y los radicales norteños lamentaron la moderación de los acuerdos. Ahora bien, este acuerdo se convirtió en el detonante de una importante reacción antiesclavista.

En este mismo año de inicio de década se ratifica una ley anteriormente existente: la ley del esclavo fugitivo (*Fugitive Slave Act*). Esta legislación permitía a los propietarios de esclavos recuperar a sus negros huidos, mientras que a los que los ayudasen, por infringir la ley federal, se les hacía pagar sustanciosas multas. La disposición resultó extraordinariamente conflictiva para grandes sectores del Norte, no solo abolicionistas blancos y negros, sino también aquellos que con anterioridad se habían mostrado moderados en sus posiciones antiesclavistas, puesto que era un atentado contra la conciencia individual. Los abolicionistas radicales dedicaron buena parte de sus esfuerzos a combatir la ley, al tiempo que crecía el número de secuestros y vueltas forzosas al Sur de negros. Muchos norteños también se sintieron indignados por su impotencia política ante la injusticia del decreto.

Mientras tanto la situación política nacional entraba en la recta final de la crisis. En la primavera de 1854 se aprobó la ley Kansas-Nebraska. Esta ley sancionaba que el estatus, libre o esclavista, de estos estados fuese decidido por soberanía popular, es decir, por sus respectivos ciudadanos, lo que indignó a los antiesclavistas del Norte, algunos de cuyos grupos de Nueva Inglaterra crearon la Emigrant Aid Society para luchar contra los proesclavistas. Este es el contexto histórico en el que John Brown —un radical que, contrariamente a los abolicionistas garrisonianos, estaba convencido de que la abolición solo podría lograrse por la fuerza—, imaginándose que era el brazo vengador de Dios, llegó a Pottawatomie Creek, un asentamiento proesclavista, donde dio muerte a cinco supuestos defensores de la esclavitud. El terror y la violencia que siguieron a la acción de Brown convirtieron el territorio en "Bleeding Kansas", donde murieron más de doscientas personas antes de que las tropas federales restauraran el orden.

En 1857 se produjo otro hecho que tuvo grandes repercusiones políticas: la decisión del Tribunal Supremo en el caso de Dred Scott contra Sandford, por la que establecía que el Congreso no tenía autoridad para prohibir la esclavitud en los territorios federales —revocando así el Compromiso de Missouri de 1820— y que los negros, libres o no, no gozaban de ningún derecho como ciudadanos. En consecuencia, Dred Scott, un esclavo fugitivo, volvía a la condición de esclavo después de haber vivido en un estado libre. Así, en medio de todo tipo de argumentaciones sobre la esclavitud, este veredicto volvía a poner sobre el tapete el asunto de que los principios fundacionales de la nación no incluían a los negros bajo su definición.

El estado de crisis llegó a su punto álgido el verano de 1859, el mismo momento en que Harriet E. Wilson entregaba su libro a la imprenta. John Brown se estableció en una granja de Harpers Ferry, Virginia, junto al río Potomac, donde había un arsenal, y planeó —junto con veintiún hombres, entre ellos cinco negros— tomarlo en un ataque por sorpresa y extender la revolución a los esclavos. Después del ataque, realizado en la noche del 16 de octubre, Brown fue condenado a muerte, por traición a Virginia, tras un juicio sumarísimo el 31 de ese mismo mes, y fue ejecutado el 2 de diciembre. Las reacciones fueron diversas. Los estados esclavistas vieron en Brown a un mercenario de las fuerzas antiesclavistas norteñas; los políticos de los estados libres, al igual que los periódicos republicanos, desautorizaron a Brown; algunos antiesclavistas lo creyeron mártir y santo. La interpretación de la acción de Brown es motivo de polémica, pero quizás se comprenda mejor si se piensa que fue consecuencia predecible del deseo por la acción violenta que los abolicionistas habían ido reprimiendo y que había ido aumentando en el movimiento antiesclavista desde 1850.

No es sorprendente, pues, que la aparición del libro de Wilson se viese eclipsada por los decisivos acontecimientos políticos que se estaban desarrollando en el seno del Norte libre y por las repercusiones que estaban teniendo en la prensa escrita. El propio Brown fue quien se encargó de orquestar su *via crucis* con singular maestría. Envió declaraciones a los principales periódicos y redactó cartas que fueron rápidamente publicadas. Al mismo tiempo, los intelectuales y escritores más prestigiosos de Nueva Inglaterra, Ralph W. Emerson, Henry W. Longfellow, Henry D. Thoreau y Harriet B. Stowe, entre otros muchos, le manifestaron públicamente su apoyo, encomiando la valentía y el ejemplo moral de su acción. Por su parte, Wendell Phillips, reputado miembro de los abolicionistas, llegó a declarar que Brown tenía tanto derecho a colgar al gobernador de Virginia como este de colgarle a él. Brown había actuado inspirado por los dictados más excelsos de la moralidad cristiana, por lo que era "la personificación de la ley de Dios". Otra abolicionista y escritora de gran prestigio, Lydia Maria Child, si bien opuesta a los métodos violentos utilizados por Brown, intentó reconciliar su política pacifista con la admiración que sentía por el insurrecto y se ofreció para cuidarlo ella misma en la prisión en que se encontraba encerrado recuperándose de sus heridas. Louisa May Alcott, la autora de *Mujercitas*, lo llamó "San Juan el justo". Por otra parte, los que más ansia mostraron por separarse de la acción de Brown fueron los líderes moderados y conservadores del partido republicano, Abraham Lincoln entre ellos. De esta manera, no cabe duda de que el político se sintiese sorprendido cuando un poco más tarde el propio Garibaldi se dirigiese a él como el heredero de las aspiraciones de Cristo y de John Brown.

El 6 de noviembre de 1860 Lincoln, candidato del Partido Republicano, fue elegido decimosexto presidente de los Estados y en 1861 dio comienzo la Guerra Civil. El 1 de enero de 1863 entró en vigor la Proclamación de Emancipación, documento que aseguraba el fin de la esclavitud en el territorio de los Estados Unidos. William Lloyd Garrison declaró que la misión de los abolicionistas había terminado definitivamente, pero se equivocaba. Sus descendientes de postguerra recogerían su herencia para hacer frente al nuevo ambiente de racismo y supremacía blanca en que se vio envuelta la nación hasta más allá de la mitad del siglo XX.

## El Renacimiento Literario Negro de la década de 1850

Los manuales de historia de la literatura de los Estados Unidos están repletos de declaraciones, en algunos casos triunfalistas, en otros de cariz más recatado, que informan al lector sobre el lugar que ciertas obras, generalmente las que se han denominado canónicas, ocupan por orden de aparición en la cronología literaria de la nación. Igualmente ocurre en el caso de la literatura de minorías y, en concreto, de la literatura afroamericana. De hecho, incluso se podría afirmar que la historia de las letras afroamericanas se encuentra inconclusa. La constante revaloración y revaluación de obras ya clásicas y el esporádico hallazgo de nuevos títulos, especialmente, pero no únicamente, de momentos anteriores al siglo XX, hacen que la descripción de un archivo definitivo sea objeto de constante revisión.

Uno de los géneros que posibilita esta incertidumbre es la novelística afroamericana de la primera parte del siglo XIX. De esta manera, aparecen en los anales de la historia literaria afroamericana constataciones que manifiestan que *Clotel; or, The President's Daughter* de William Wells Brown (1815-1884) es la primera novela publicada por afroamericano, si bien la primera edición tuvo lugar en Londres en 1853 y hasta 1864 no hizo su aparición en Boston. Brown es autor también, entre otras obras, de una popularísima narración sobre sus años como esclavo, titulada *Narrative of William W. Brown, a Fugitive Slave* en 1847. *Clotel* es un *romance* histórico con una clara intención abolicionista y trata sobre la historia de la hija de Thomas Jefferson, pero no es un ejemplo más dentro de la ficción que se dedique a describir el sinsentido de la vida de la mulata trágica. Inspirada en el relato de Lydia Maria Child, "The Quadroons", por una parte, Clotel aparece revestida de todas las características de este personaje romántico decimonónico, especialmente su belleza equiparable a la de una blanca, pero, por otra, es también un personaje luchador hasta el final de la historia, como demuestra con su suicidio, lanzándose al río Potomac antes que dejarse capturar y esclavizar, con el Capitolio y la Casa Blanca como telón de fondo, símbolos de la corrupción moral del país. Como muchos autores afroamericanos, Brown tenía que hacer frente a los estereotipos despectivos que la literatura blanca había creado de los negros. La novela se publicó en 1853, en Londres, con muy poco éxito, razón por la que el autor, cuando volvió a Estados Unidos, cambió los nombres de los personajes principales, hizo algunas modificaciones estructurales y publicó la narración por entregas —desde el 1 de diciembre de 1860 hasta el 16 de marzo de 1861—, ahora bajo el título de "Miralda; or, the Beautiful Quadroon: a Romance of American Slavery, Founded on Fact", en el *Weekly Anglo-African*. Más tarde, en 1864, recortó la novela para publicarla dentro de la colección que dirigía el abolicionista James Redpath, denominada Campfire Series, destinada a las tropas federales, con el título de *Clotelle: A Tale of the Southern States*. La versión final, *Clotelle; or, The Colored Heroine—A Tale of the Southern States,* apareció en 1867, con cuatro nuevos capítulos que alargaban la acción hasta dos años después de la Guerra Civil.

La preeminencia de *Clotel* —repetimos, como primera novela publicada por un afroamericano— duró hasta 1982, año en que el crítico Henry Louis Gates Jr. descubrió, editó y publicó en 1983, una obra que la desbanca y que había sido ignorada durante más de un siglo: *Nuestra Negra, o esbozos de la vida de una negra libre, en una mansión blanca de dos plantas en el Norte, que atestiguan que las sombras de la esclavitud se alargan incluso hasta allí.* Este texto narrativo, de 1859, escrito por Harriet E. Wilson descuella desde entonces como la primera novela escrita y publicada por una mujer negra en Estados Unidos. Por otra parte, la obra de Wilson también reclasificaba a *Iola Leroy; or Shadows Uplifted* de Frances W. Harper, publicada en 1892 y considerada durante largo tiempo como la primera novela escrita por una autora afroamericana en el país. Sin embargo, la historia no acaba ahí. De hecho, el mismo Gates publicó en 2002 lo que, según su opinión, no solo es otra obra novelística dentro de la tradición afroamericana, sino posiblemente la primera novela escrita por una negra, pero ahora esclava, cuya composición data de principios de la década de 1850: *The Bondwoman's Narrative by Hannah Crafts, a Virginia Slave Recently Escaped from North Carolina*. La novela de Harriet E. Wilson, *Our Nig* (1859), sin embargo, continúa ostentando el puesto como primera novela escrita por una mujer negra libre, ya que su autora, a diferencia de Hannah Crafts, no vivió nunca bajo la esclavitud, sino que había nacido libre en el Norte. Gates descubrió el manuscrito de Crafts en una subasta y, tras un proceso que reviste todas las características de la pesquisa detectivesca, logró identificar el manuscrito con una novela autobiográfica escrita por una esclava llamada, al igual que el personaje principal de la obra, Hannah Crafts. *The Bondwoman's Narrative* trata de las aventuras de una esclava y de sus intentos por conseguir la libertad, que se ven recompensados en matrimonio con un ministro metodista y su posterior dedicación a la enseñanza de una comunidad de negros libres. La vida de la protagonista, Hannah, está circunscrita por los límites que marca el sistema esclavista, pero lo que ella no puede sospechar es que la hermosa ama de la plantación es también, como ella misma, mulata. Utilizando ya el tema del hacerse pasar por blanco, que luego adquiriría enorme importancia en la narrativa afroamericana del siglo XX, esta novela, como las otras ya descubiertas con anterioridad, combina una serie de motivos derivados de la tradición gótica, sentimental y de la narrativa de esclavos. Pero, además, como destaca Gates, también aquí aparece un tema que más tarde sería muy popular y que Mark Twain utilizaría en su novela de 1894, *Pudd'nhead Wilson*: los niños cambiados al nacer, es decir, el bebé blanco que pasa a ser considerado negro y el bebé negro que pasa a ser blanco.

Estas obras no son ejemplos aislados, puesto que la década de 1850 constituye un periodo de florecimiento literario afroamericano, en el que destaca, entre otros, el género novelístico. Para interpretar estas novelas es importante tener en cuenta los dos tipos de lectores a los que iban dirigidas: la clase media blanca y la élite intelectual de negros libres, cuyos intereses, expectativas, historia, educación y potencial económico eran muy diferentes. De ahí que sea necesario señalar que no solo son los temas tradicionales de la narración de esclavos los que constituyen la tradición afroamericana, sino que éstos, juntamente con la herencia literaria de la tradición euroamericana, son los que determinan las decisiones artísticas y la posición, en muchas ocasiones paradójica, del escritor afroamericano.

William L. Andrews (1990) etiqueta la década de 1850 como el primer renacimiento de la literatura afroamericana. Corrige así la idea de que la explosión literaria surgida en los años de 1920 en Harlem sea el verdadero despertar negro, y destaca el paralelismo de este movimiento creativo afroamericano con el renacimiento romántico blanco, lo que se denomina el *American Renaissance*. Andrews explica que durante estos años de preguerra los autores negros más sofisticados se negaron a continuar escondiendo los problemas que conllevaba el hecho de buscar una voz de autoridad que legitimase sus textos. Para que el público blanco aceptase la autenticidad de sus palabras se veían obligados a adoptar una máscara, a representar un papel, a fingir esa misma autenticidad con y a través de una voz apropiada a la cultura de clase media blanca. Escritores como Frederick Douglass o William Wells Brown eran conscientes de que si no experimentaban todas las posibilidades que encerraban la voz y la narrativa negra, los medios tradicionales de expresión, y en concreto la narración de esclavos, continuaría restringiendo, si no distorsionando su potencial literario. Por otra parte, la misma idea de "autenticidad" y su subordinación a una voz de autoridad debían de ser cuestionadas, porque de lo contrario continuaría redundando en textos adaptados a la idea que de la voz negra predicaban los mitos blancos y no a la percepción de la realidad desde el afroamericanismo. De esta manera, durante estos años de 1850 y paralelamente a la explosión literaria de autores blancos, la narrativa afroamericana rompe las convenciones discursivas y las expectativas blancas que la limitan, con la intención de descubrir y experimentar nuevos caminos para legitimarse dentro del panorama literario norteamericano y anglosajón.

Andrews distingue tres tipos básicos de experimentación con la voz narrativa durante este Renacimiento Literario Negro de la década de 1850. En primer lugar, el cambio de la idea tradicional de verdad, como atributo imprescindible de una voz auténtica negra, a un modo de expresión que reclama autoridad quebrantando las leyes que gobiernan el lenguaje literario. En segundo lugar, la dialogización de lo que hasta el momento había sido la voz monológica de la autobiografía negra en narraciones como *My Bondage and My Freedom* (1855) de Frederick Douglass e *Incidents in the Life of a Slave Girl* (1861) de Harriet A. Jacobs, con la consecuencia, sin embargo, de que el público lector cuestionará la referencialidad del texto. Y por último, la aparición de la voz negra novelizada en la tradición de la narrativa afroamericana, en obras como *The Heroic Slave* (1853) de Douglass, las obras de Brown, de Wilson y de Crafts, *The Garies and Their Friends* (1857) de Frank J. Webb y *Blake* (1859) de Martin R. Delany.

El texto Webb, autor de quien solo se sabe que nació en Filadelfia, es una novela sobre las dificultades de ser negro libre y el trágico destino que aguarda a una pareja interracial cuando se traslada al Norte. La obra es una descripción del mundo y circunstancias a los que se tenía que enfrentar una incipiente burguesía negra. Webb condena el mestizaje y se muestra como firme defensor del sueño americano y de la ética protestante del trabajo como únicas medidas para sobrevivir y mejorar en la Norteamérica decimonónica. *Blake; or The Huts of America: A Tale of the Mississippi Valley, the Southern United States and Cuba* (1859), de Martin R. Delany, es, según algunos críticos, la novela afroamericana más radical del siglo XIX. Delany desplegó una gran variedad de actividades —desde abolicionista, médico, periodista y escritor, hasta oficial militar en la Guerra de Secesión—, pero destacó por su papel como pionero del nacionalismo negro. Crítico con los abolicionistas, que no habían logrado integrar a los afroamericanos en la sociedad estadounidense, Delany defendió la autonomía política negra en su manifiesto, inspirado en el *Appeal* (1829) de David Walker, *The Condition, Elevation, Emigration and Destiny of the Colored People of the United States, Politically Considered* (1852), la primera formulación consistente del nacionalismo negro, en la que declara que los afroamericanos constituyen "una nación dentro de otra nación". *Blake* es su única obra de ficción y no sorprende que gire en torno a los temas del separatismo y de la emigración negros, e inicie el género de novela afroamericana de protesta que retomarían Sutton E. Griggs y W. E. B. Du Bois a finales del siglo XIX.

No hay que olvidar, sin embargo, que la proliferación de narrativa afroamericana durante esta década se debió asimismo a un factor externo crucial: la publicación en 1851/1852 de la novela más extraordinaria jamás escrita sobre la esclavitud, *La cabaña del tío Tom* de Harriet Beecher Stowe, obra que contribuyó a construir y a fijar a nivel nacional e internacional una imagen de la esclavitud y, dentro de ella, de la historia e identidad del afroamericano. La escritora inglesa George Eliot, en la elogiosa recensión de la segunda obra antiesclavista de Stowe, *Dred*, en octubre de 1856, declaraba que, con las dos novelas, "la Sra. Stowe ha inventado la novela negra" (Ammons 43-44). De la misma manera opinaba en

1925 el crítico afroamericano William Stanley Braithwaite, para quien *La cabaña* había sido "el primer ejemplo notable en que el negro aparecía como tema literario", de tal manera que "dominó en tono y actitud la literatura estadounidense de toda una generación" (30). Son muchos los investigadores que han analizado el impacto *de La cabaña* en la ficción afroamericana del siglo XIX, puesto que, como afirma Richard Yarborough, cualquiera que fuese la actitud de estos escritores hacia Stowe o hacia su obra, "escribieron inevitablemente a raíz de ella" (72). William L. Andrews declara que "a principios de la década de 1850 Harriet Beecher Stower proporcionó un fuerte ímpetu a las prioridades literarias que haría que los escritores afroamericanos de autobiografías se sintiesen con posibilidades de alejarse de los precedentes blancos. Los blancos liberales tanto en Estados Unidos como en Inglaterra, deseosos de un modelo con el que pudiesen juzgar la esclavitud y comprender al negro encontraron en *La cabaña* la plenitud literaria" (179). Esto no significa que conscientemente construyesen sus obras siguiendo el ejemplo de *La cabaña*, sino que la novela permaneció como una especie de manual de instrucciones, pues incluía toda una serie de ideas preexistentes, aunque en algunos casos conflictivas, sobre la raza, que Stowe dramatizó admirablemente siguiendo el modelo sentimental y presentó aderezadas con un mensaje reformista abiertamente didáctico que el público lector digirió no solo con gusto, sino con verdadera fruición. Por ello, argumenta Yarborough, los escritores negros se convencieron de que "si combinaban los ingredientes suficientes en cantidad adecuada, siguiendo las proporciones precisas y en las condiciones correctas, también serían capaces de confeccionar novelas profundamente políticas que pudiesen apelar al mismo público masivo que Stowe había atraído, y así moldear las actitudes de los blancos hacia la minoría negra de los Estados Unidos" (72). Sin embargo, al legar a los novelistas de protesta afroamericanos posteriores a ella una forma literaria y una actitud, al igual que un público blanco con grandes expectativas, Stowe estableció una serie de tipos de personajes que sirvieron para fomentar y al mismo tiempo restringir la creatividad de los autores negros hasta bien entrado el siglo XX. De entre las obras escritas por autores afroamericanos que respondieron directamente a Stowe en esta década de 1850, es decir, inmediatamente después de la publicación de su volumen, cabe mencionar *Twelve Years a Slave* (1853) de Solomon Northrop, "The Heroic Slave" (1853) y *My Bondage and My Freedom* (1855) de Frederick Douglass (esta última obra es la segunda versión revisada de su autobiografía, donde utiliza estrategias que explícitamente retoman e implícitamente critican la novela y a su protagonista) y *Blake; Or, the Huts of America* (1859) de Martin Delany, una novela en que se hace explícita la llamada a una fuerza revolucionaria negra. Por su parte, las autoras afroamericanas de preguerra respondieron igualmente, como se hace patente en "The Two Offers" (1859) de Frances Ellen Watkins Harper, la primera narración publicada por un autor afroamericano, en *Our Nig* (1859), la novela de Harriet E. Wilson, como veremos más tarde, y en *Incidents in the Life of a Slave Girl* (1862) de Harriet A. Jacobs, tres textos fundamentales de la narrativa femenina negra de preguerra.

## *Harriet E. Wilson*

Durante décadas el libro de H. E. Wilson fue un texto menospreciado, puesto que se pensaba que era obra de un escritor blanco. Las investigaciones de Henry Louis Gates, Jr. y los posteriores estudios de Barbara A. White han permitido medio reconstruir la identidad de la autora, gracias al hallazgo de su certificado matrimonial de 1851, la partida de nacimiento de su hijo y el certificado de defunción de este, fechado en 1860. La mayor parte de detalles que se han podido recopilar sobre su vida corresponde a la década de 1850, período en el que compuso, publicó e intentó vender *Nuestra Negra*. El nombre de soltera de la escritora era Harriet Adams y nació en Milford, New Hampshire, hacia 1828. Gracias al censo de 1840 se sabe que trabajaba en esa ciudad para la familia de Nehemiah Hayword, en la que probablemente está inspirada la familia Bellmont de la novela. Contrajo matrimonio en esta misma localidad con Thomas Wilson en 1851, quien al parecer se hizo pasar por esclavo fugitivo y orador abolicionista. La pareja tuvo un hijo, George Mason, a finales de la primavera de 1852, semanas después de que el padre abandonase a la esposa embarazada y se embarcase en un buque. La criatura nació en un hospicio de Goffstown, New Hampshire. Las penosas circunstancias a las que se vio obligada a enfrentarse Wilson mejoraron con el regreso de Thomas al hogar, si bien este volvió a dejar a la familia, ahora definitivamente, puesto que más tarde tenemos noticia de su muerte a causa de la fiebre amarilla en Nueva Orleans. La desesperada situación económica en que se hundió la joven Harriet la llevó a confiar el cuidado de su hijo al hospicio, donde permaneció hasta que fue acogido por una pareja blanca, al no poder la madre seguir sufragando los gastos de alojamiento y manutención. Enferma y debilitada por los constantes infortunios, parece ser que Wilson se trasladó a Boston o a alguna población de los alrededores en busca de empleo como modista hacia 1855. En esta ciudad fue donde comenzó a componer su novela, donde el 18 de agosto de 1859 la registró y donde sufragó por cuenta propia la publicación en la imprenta de George C. Rand & Avery. Como se ha apuntado con anterioridad, Harriet E. Wilson se convertía de esta manera en la primera afroamericana libre que publicaba una novela en Estados Unidos, y no Inglaterra, en 1859. La circulación del libro, sin embargo, ha sido objeto de especulación. Los hallazgos de Eric Gardner parecen corroborar el hecho de que fue la propia autora la responsable de su comercialización del libro, y que la distribución se limitó al círculo de sus amistades personales (240).

Harriet E. Wilson dista de ser la única afroamericana libre que se siente atraída por la escritura literaria. Las mujeres formaban una parte muy importante dentro del porcentaje de negros libres de los Estados Unidos de preguerra. Según el historiador John H. Franklin, el censo de 1790 señala una población de 59.000 individuos, concentrados principalmente en las zonas urbanas del Norte y del Sur, mientras que el de 1860 indica un número de 488.000, de los cuales un 44% vivía en los estados sureños y un 46% en los norteños (217). A partir de este momento el porcentaje de crecimiento en el Sur va a empezar a disminuir. Los sureños sentían verdadero repudio a que los negros libres viviesen entre los esclavos, porque pensaban que su sola presencia era suficiente para actuar como detonador de insubordinaciones o insurrecciones violentas. Dondequiera que viviese este grupo siempre se hallaba en una situación de precariedad. Si durante el período colonial sus posibilidades sociales se vieron ligeramente mejoradas, su situación empezó a sufrir un gran deterioro hasta que a mediados de siglo la distinción entre esclavos y negros libres casi estuvo por desaparecer. Además de la siempre inminente amenaza del secuestro y esclavización posterior, a las que estaban expuestos los negros libres, los diferentes estados, en especial los sureños, fueron aprobando leyes que dificultaban y restringían cada vez más los movimientos de este segmento de la población. De ahí que, como manifiesta Franklin, "era lógico que el negro libre tuviese grandes dificultades a la hora de lograr una cierta estabilidad e independencia económicas" (222). No solo se encontraba con los problemas lógicos de ajuste al desequilibrio social, sino que en algunas zonas lo que resultaba una barrera insuperable era la fuerte oposición de muchos trabajadores blancos a mezclarse con los negros. Como explica este historiador, se promovieron nuevas legislaciones para impedirles el acceso a ciertos oficios, y cuando esto no les detenía se recurría a la violencia e intimidación con el fin de eliminar la competitividad que estos negros libres representaban.

Por lo que respecta a las mujeres negras libres norteñas, estas gozaban de menos oportunidades laborales que los hombres para sobrevivir. Por otra parte, ni siquiera las pertenecientes a las familias más pudientes y poderosas se libraban de la hostilidad racial de los blancos. De hecho, cuanto más respetables y prósperas eran las familias, más antagonismo generaban. Los blancos de las clases medias y altas no cuestionaban la inferioridad innata de los negros e incluso consideraban que su ascenso social no era más que un intento por fomentar el mestizaje, una idea que causaba verdadero terror. Y los pertenecientes a las clases más bajas se sentían intimidados y ofendidos por los aires de superioridad que, según declaraban y se manifestaba visualmente en folletos, prensa, etc., mostraban estos negros privilegiados. Los negros libres norteños con una cierta seguridad económica sufrían no solo el racismo de la población en general que les rechazaba, discriminaba y dificultaba la vida diaria, sino también el de los blancos abolicionistas, puesto que una cosa era luchar por los negros como símbolos abstractos de la opresión y degradación, y otra bien diferente relacionarse personalmente con ellos. Dentro de este contexto han de entenderse las palabras de una de las mujeres pertenecientes a esta élite negra, poeta y abolicionista, Sarah Louisa Forten, quien habla de esta situación en una carta a la abolicionista blanca Angelina Grimké: "Nosotras no tenemos problemas a la hora de relacionarnos. Jamás nos alejamos de nuestra casa y rara vez vamos a algún lugar público sin antes habernos asegurado de que la admisión es libre para todo el mundo. De esta manera, nunca nos encontramos con las molestias que de otra manera sería lógico que nos encontrásemos" (cit. en Sterling 125).

La rígida división entre géneros dictaminada por la sociedad norteamericana de preguerra hacía que las mujeres de la burguesía blanca aspirasen a convertirse en esposas y madres. Sin embargo, la penuria económica dentro de la sociedad negra libre obligaba a la gran mayoría de afroamericanas a trabajar fuera del hogar en una serie de oficios a los que tenían acceso limitado por razón de raza, género y clase social. Si, por una parte, las que pertenecían a los escalones más depauperados podían únicamente dedicarse al servicio doméstico (criadas, niñeras, cocineras) en hogares o establecimientos blancos, o a la prostitución; por otra, las que formaban parte de la clase media tenían la posibilidad de aspirar a convertirse en maestras y enseñar en las escuelas de negros libres de estos estados. Sin embargo, en ambos casos, los historiadores subrayan que, fuese el que fuese el nivel económico de estas mujeres, muchas de ellas participaron en actividades sociales, y concretamente en las organizaciones de caridad y de beneficencia, literarias y educativas que ellas mismas fundaron. La nueva historia revisionista ha descubierto la importancia tan crucial que tuvo el activismo político, social y cultural iniciado, alentado y desarrollado por estas mujeres (Yellin and Van Horne 1994). Ante la imagen tradicional de la mujer blanca victoriana enclaustrada en el hogar y sometida a un régimen que la oprime y la vuelve invisible, la afroamericana, en especial, la norteña libre, se alza por sí misma, no sin estar rodeada de todo tipo de obstáculos y dificultades, pero hace oír su voz en nombre propio y en el de sus hermanas y hermanos de raza. Mujeres de la clase negra acomodada como Margaretta Forten y Sarah Mapps Douglass, por mencionar solo dos nombres, reflejan un profundo interés por el desarrollo intelectual de los afroamericanos y por la importancia de la educación y enseñanza para la comunidad. Las autobiografías espirituales de Jarena Lee (*The Life and Religious Experience of Mrs. Jarena Lee*, 1836) y Zilpah Elaw (*Memoirs of the Life, Religious Experience and Traves of Mrs. Zilpha Elaw*, 1846), entre otras muchas, revelan sus ansias de participar en la carrera eclesiástica restringida a las mujeres. Pero será dentro del movimiento abolicionista de esta primera mitad del siglo XX donde las mujeres negras representarían un papel clave: la ex-esclava Sojourner Truth, conocida por su discurso de 1851 "Ain't I a Woman?"; Harriet Tubman, la esclava que huyó en 1849 y que volvió al Sur en repetidas ocasiones para ayudar a escapar a numerosos esclavos; y Maria A. Stewart, considerada la primera escritora política negra, por su texto de 1835, *Productions of Mrs. Maria Stewart*, una colección de discurso y ensayos sobre la esclavitud, los derechos de la mujer y la educación de los negros.

Nuestra Negra

*Nuestra Negra* se inspira principalmente en la novela sentimental, en la narración de esclavos y en la narración de conversión religiosa. Es una síntesis de ficción y de realidad, de novela y de autobiografía, que enlaza firmemente con los discursos contemporáneos sobre la negritud, el racismo, la religión y el capitalismo. La tesis principal de la obra es que los negros libres norteños, y en concreto las mujeres pertenecientes a las clases sociales bajas, han de luchar, al igual que los esclavos sureños, por conseguir la libertad contra la opresión económica, el racismo y la hipocresía cristiana practicados tanto por el Sur esclavista como por el Norte libre de preguerra. Para ello, la acción se sitúa en el Norte. El título de la novela deja constancia del rechazo ideológico de la autora por la apelación despectiva con que se conocía a los afroamericanos, y de la distancia irónica que mantendrá entre esta representación casi icónica del negro en los discursos racistas más importantes del momento: la novela proesclavista de la plantación y los espectáculos de *minstrel*. *Nuestra Negra*, repetido a continuación del subtítulo en términos de autoría –(escrita por "Nuestra Negra", ahora entrecomillado)— apunta no solo hacia los posibles rasgos autobiográficos de la obra, sino, lo que es más importante, hacia la voz del sujeto silenciado por la misma definición del título. Wilson se apropia aquí del término racista para construir una crítica política que sigue haciendo explícita en el subtítulo: *esbozos de la vida de una negra libre, en una mansión de dos plantas en el Norte, que atestiguan que las sombras de la esclavitud se alargan incluso hasta allí*. En la retórica política nacional había sido el mismo Abraham Lincoln quien, un año antes de la publicación de la novela, había titulado su famoso discurso, del 16 de junio de 1858, "A House Divided", es decir, con la metáfora de la casa partida en dos, tomada del Evangelio según San Marcos 3, 25: "Si una casa está dividida contra sí misma, esa casa no podrá subsistir". A lo que el político republicano, refiriéndose a la Unión y a la crisis nacional que podría derivarse de la perpetuación de la esclavitud, había a continuación añadido: "Creo que este gobierno no puede perdurar si continúa siendo una mitad esclavista y la otra mitad libre. No espero que la Unión se disuelva. No espero que la casa se venga abajo, pero lo que sí que espero es que deje de estar dividida. O será una cosa, o será otra".

No es la obra de Wilson la única que hace uso del espacio norteño para realizar una crítica de la situación de crisis por la que atravesaba el país. Francis P. Gaines explica cómo durante esta década de 1850 una de las estrategias novelísticas que utilizaron los escritores proesclavistas en respuesta a la descripción que Stowe había realizado en *La cabaña* fue "trasladar la guerra al terreno del enemigo y recurrir a la analogía de la casa de espejos" (46). De ahí la proliferación de historias que narran el sufrimiento y el abandono de las clases más pobres tanto en el Norte como en Inglaterra, desdichas que en algunas ocasiones se contrastan con la felicidad de los negros sureños. Entre las muchas narraciones y novelas que se publican, cabe citar la de Caroline E. Rush, *The North and the South; or Slavery and its Contrasts* (1852), la de J. Randolph Thornton, *The Cabin and the Parlor; or, Slaves without Masters* (1852), la de J. W. Page, *Uncle Robin in His Cabin in Virginia and Tom without One in Boston* (1855), la de L. B. Chase, *English Serfdom and American Slavery* (1854), la de S. H. Elliot, *New England Chattels* (1858), y la de W. T. Thompson, *The Slave Holder Abroad* (1860). Estas novelas dramatizan una de las corrientes de pensamiento más importantes de esos años. La literatura apologista sureña, como la novela sentimental norteña, había hecho uso de la retórica de la domesticidad para defender la esclavitud. No solo los esclavos y el sistema esclavista estaban integrados dentro de la sociedad del Sur como parte de la familia sureña, sino que la misma idea de familia había hecho posible la legitimación de la esclavitud. Alrededor de 1850 el Sur desarrolló la tesis de que la esclavitud era un "bien positivo", no como sistema para controlar una raza inferior, sino básicamente como una manera de proporcionar seguridad a la clase trabajadora de cualquier sociedad. George Fitzhugh fue quien llevó esta teoría hasta sus extremos en dos de sus obras: *Sociology for the South; or, The Failure of Free Society* (1854) y *Cannibals All! or, Slaves Without Masters* (1857). Fitzhugh atacó las premisas sobre las que se apoyaban el capitalismo y la democracia, al argumentar que la clase trabajadora de países industriales como Gran Bretaña viviría mejor bajo un sistema esclavista. Para este y otros apologistas sureños de la esclavitud, la plantación patriarcal era el mejor modelo de sociedad posible, porque los vínculos que generaba en todas las relaciones sociales eran reflejo directo del modelo de responsabilidad y dependencia que existía en la familia. Para Fitzhugh, el abolicionismo representaba un ataque a la familia que él describía como patriarcal y jerárquica.

Si se tiene en cuenta esta línea de pensamiento proesclavista y la ficción inspirada en ella, la novela de Wilson parece escrita desde una nueva perspectiva que supera con creces el mero relato autobiográfico. *Nuestra Negra* es entonces una relectura crítica de un género novelístico contemporáneo que equipara la esclavitud a la situación del proletariado blanco, naturalmente libre. Ahora bien, la novedad que incorpora esta escritora es de gran calado, pues lo que se propone es incluir dentro de esa equiparación a un grupo totalmente marginal dentro de la vida política y social de la Norteamérica libre de preguerra: los negros libres y, en concreto, la mujer negra libre perteneciente a la clase pobre como víctima de la opresión racial y económica.

En *The Wages of Whiteness: Race and the Making of the American Working Class* David Roediger examina cómo la negritud caracteriza tanto el lenguaje que describe el sistema esclavista como el que habla de las condiciones del trabajo industrial realizado por hombres blancos, siendo esta una de las características del lenguaje descriptivo del mundo laboral de preguerra. En discursos, panfletos y periódicos, los asalariados utilizan un lenguaje figurativo que compara las nuevas formas de dependencia producidas por la industrialización con la esclavitud de los negros sureños. Estas comparaciones actúan de dos formas, puesto que en Estados Unidos, una nación alzada sobre la ideología de la libertad republicana, "la esclavitud representaba la última expresión de negación de la libertad. Sin embargo, los preceptos republicanos también implicaban que la larga aceptación de la esclavitud conllevaba un debilitamiento, degradación e incapacidad para vivir en esa misma libertad. La población negra simbolizaba esa degradación. El racismo, la esclavitud y el republicanismo se combinaban de esa manera para comparar a los trabajadores con los esclavos, pero esa combinación también requería que los trabajadores blancos se distanciasen de los negros incluso cuando se les estaban comparando" (66). En algunas ocasiones, se utilizaba la expresión "esclavitud blanca", una de las metáforas raciales más comunes en la época, para denotar esa diferencia. De esta manera, la consecuencia es que la esclavitud de los blancos y no la de las personas en general, era lo que resultaba problemático. Roediger explica cómo los historiadores han apuntado que durante la década de 1850 la metáfora de la esclavitud empezó a caer en desuso para denominar la situación del proletariado blanco. Una de las razones es que una minoría importante de estos trabajadores norteños mostraba simpatía hacia el abolicionismo, en concreto los artesanos y los asalariados de las fábricas textiles y de calzado. Sin embargo, una de las lecciones que los abolicionistas enseñaron fue que la esclavitud era una categoría de opresión extraordinariamente más inhumana que cualquier otra. Solo con la emancipación de los esclavos, es decir, en el periodo de postguerra, pudo aparecer una crítica más contundente de la esclavitud salarial y pudo debatirse el significado del trabajo libre.

Harriet E. Wilson compone una novela que reverbera con los sonidos del debate sobre la esclavitud salarial, en un momento en que parece ser que la asimilación trabajador blanco/esclavo ya no interesaba defenderse debido a que mermaba las bases republicanas de la nación en crisis. Ser esclavo implicaba tener alguna conexión con la negritud. Los trabajadores norteños dejaron de aceptar que se les denominase esclavos blancos ("white slaves") o negros blancos ("white niggers"). Destacados escritores blancos de la época que trataron el tema de los problemas de la industrialización, como Rebecca Harding Davis, se negaron a etiquetar a estos trabajadores blancos como una nueva clase social, puesto que considerar la clase social como una estructura económica, más que moral, era contradecir la ideología norteña y nacionalista de la excepcionalidad norteamericana y describir este sistema social siguiendo la rígida estratificación del sistema británico de clases. Por ello, el logro de Wilson es recuperar para la historia estadounidense una equiparación de términos que introduce los conceptos de género, raza y clase social, y que, como algunos otros afroamericanos (Frederick Douglass, entre otros) habían hecho ya patente, subraya el hecho de que la libertad para el negro era algo más que una categoría económica.

\*\*\*

*Nuestra Negra* cuenta la historia de Alfrado o Frado, hija de madre blanca, Mag, y de padre negro, Jim. Tras la muerte de este comienzan las penurias económicas para la viuda y sus dos hijos, situación que la lleva a iniciar la convivencia con un amigo del esposo. Ante la imposibilidad de mejorar las finanzas familiares, Mag decide probar fortuna lejos de la ciudad testigo de su caída en desgracia. Para ello, decide descargarse del peso que su hija primogénita representa y Frado es abandonada por su madre ante la puerta de la mansión habitada por una rica familia blanca, los Bellmont, para que la acojan y le den trabajo como criada. Sin embargo, como reza el subtítulo de la novela, hasta la mansión de dos plantas situada en el Norte llegan las sombras alargadas de la esclavitud sureña. La casa Bellmont, como muchas de las descritas por Edgar A. Poe, está marcada por una grieta que la recorre en su totalidad y que la condena no solo a su propia destrucción, sino también a la de todos sus habitantes y a la de la recién llegada. Wilson traslada la negrura y terror propios del sistema esclavista al paisaje norteño, de tal manera que la mansión de la plantación sureña tiene un perverso reflejo especular en la casa de los Bellmont, tan alejada geográficamente, pero no espiritualmente del corazón de las tinieblas nacional que es teórica y exclusivamente el Sur. De esta manera, Wilson traza un texto que ennegrece, emborrona e incluso elimina la ilusión de frontera, de diferencia. La vida de Frado con los Bellmont se convierte así en un amargo calvario del que al final cabrá preguntarse si su cuerpo y su espíritu logran reponerse.

El villano textual se encuentra personificado en el personaje de la señora Bellmont y, en menor medida, en el de su hija Mary. Madre e hija esclavizarán a la desgraciada Frado desde su niñez hasta la adolescencia y primeros años de juventud. La señora Bellmont, como única responsable del buen funcionamiento del espacio doméstico, es una réplica execrable de uno de los personajes más populares de la cultura victoriana: el ángel del hogar. No solo le negará el pan físico a Frado, sino también el espiritual, al no permitir que la joven reciba ningún tipo de educación ni adoctrinamiento religioso. Las crueldades del ama son incontables: Frado es maltratada como si fuese una esclava, pues no hay día que no reciba puntapiés, azotes o se le prive de comida, entre otras muchas torturas. Ante el poder absoluto que ejerce esta madre, el esposo y sus otros hijos se muestran completamente indefensos. A pesar de que el señor Bellmont y su hermana, la tía Abby, y Jack y James, entre otros, sienten una inmensa compasión por Frado, su simpatía por quien ellos denominan "nuestra Negra" no cruza el umbral del silencio y la inercia. Ninguno de ellos es capaz de enfrentarse a la señora Bellmont. Si bien en algunas ocasiones la niña reacciona con humor ante la maldad del ama, será esta quien triunfe al final de la narración. Cuando Frado, terminado su período de servidumbre con la familia, decide emprender su vida sola, únicamente se encuentra con el fracaso. Su salud física ha sido totalmente mermada por los años de trabajo extenuante en el hogar de los Bellmont y sus intentos por sobrevivir en la sociedad mercantilista del Norte se malogran. Además, la falta de preparación que le hubiese podido facilitar una figura materna, pero que en su vida ha sido inexistente, la conducen asimismo a la desgracia sentimental que es, lógicamente también, descalabro económico. Su matrimonio con Samuel, un negro que se hace pasar por esclavo fugitivo y que resulta ser un impostor, añade todavía más desdichas a su ya maltrecha existencia El final de la novela deja la trama inconclusa. Lejos de encontrar una resolución a sus problemas y a pesar de que un alma caritativa le proporciona la valiosa receta de una poción para tintar el pelo que la logra sacar adelante, Frado continúa siendo víctima de la penuria económica, agotada por la continua lucha por su supervivencia y la de su hijo en una sociedad despiadada.

Una de las cuestiones más debatidas alrededor de esta obra fue y continúa siendo la identificación de la autoría. El rastreo y constatación de la identidad de su autora fue punto fundamental de partida para la edición y posteriores estudios críticos del texto. La página donde aparece el título completo va acompañada una escueta referencia autorial: "Nuestra Negra", es decir, un pseudónimo que oscurece el género del autor y que parece ironizar sobre el título de la novela al presentarse entrecomillado. De hecho, incluso críticos renombrados de las letras norteamericanas consideraron durante largo tiempo que la obra había sido compuesta por un escritor blanco.

Otra cuestión polémica que ha envuelto la crítica de esta obra ha sido el delimitar hasta qué punto *Nuestra Negra* es una novela autobiográfica. La obra está enmarcada por un prefacio y un apéndice. De manera diferente a las convenciones que regían la presentación de las narraciones de esclavo, el prefacio rechaza la presencia de la voz omnipresente del/de la abolicionista blanco/a que, con el prestigio que le confiere la raza y la posición dentro del escalafón social, certifica la veracidad de lo que se cuenta a continuación. *Nuestra Negra* se inicia con un prefacio, firmado por "H. E. W.", a manera de preámbulo de la obra. Sin embargo, la utilización del pseudónimo en la portada, la firma del prólogo con solo iniciales y la aparición del personaje ficticio de Frado como una especie de *alter ego* de la autora, indican las dificultades a las que las escritoras afroamericanas se vieron enfrentadas a la hora de hacer públicos textos de denuncia. La ahora documentada históricamente Harriet E. Wilson explica los motivos económicos que la han lanzado a la publicación: la supervivencia de su hijo y de ella misma. En una apelación a "la condescendencia de todos mis hermanos de color", ruega que le "concedan su más leal apoyo e incondicional defensa" y compren el libro, puesto que ha sido redactado con la intención de que sirva como ayuda a su manutención y a la de su hijo. Si ese fue realmente su objetivo, no deja de resultar trágico que el niño muriese de fiebres el 15 de febrero de 1860, es decir, unos cuantos meses después de que su madre culminase la obra que supuestamente habría de salvarles a los dos. Este requerimiento a la contribución económica del lector aparece en otras obras de autores afroamericanos, como, por citar un ejemplo, en *The Life and Times of Nancy Prince* (1850) de Nancy Prince. Sin embargo, de manera diferente a escritores anteriores, esta narradora no se dirige exclusivamente a un público lector blanco, sino también a la comunidad negra. Por otra parte, la autora en este prefacio advierte al lector de la naturaleza selectiva de su novela, pues si bien está inspirada en las propias vivencias, hay que tener en cuenta que no "está dentro de mis pretensiones divulgar todos los sucesos". Wilson subraya de esta manera la selección, la reinterpretación y la experimentación con las que ha elaborado el texto novelístico que el lector tiene entre manos. Consciente de la vigencia, e incluso se podría decir canonicidad, de los relatos de ex-esclavos que monopolizaban la visión norteña no solo de la esclavitud, sino también de la negritud en Estados Unidos, Wilson declara abiertamente que este proceso de manipulación premeditada de lo que presenta como propia autobiografía obedece a su consideración por los esfuerzos de los abolicionistas norteños, ya que no desea provocar "la vergüenza de nuestros buenos amigos antiesclavistas del Norte". Estas palabras no dejan de esconder un corrosivo ataque contra la ceguera reformista de los amigos norteños del esclavo, indiferentes, sin embargo, a las condiciones de explotación económica y racismo de los negros libres, en general, y de las mujeres negras libres en particular.

Por lo que respecta al apéndice, como ocurre en gran número de narraciones de esclavos, los testimonios finales vienen a corroborar la autenticidad y autoría del texto presentado. El apéndice que Wilson incluye se compone de tres textos: un testimonio firmado por "Allida" y dos cartas, la primera con la rúbrica de "Margaretta Thorn" y la segunda con la de "C.D.S.". Todos estos asertos quieren confirmar la identidad racial de la autora y la naturaleza autobiográfica del texto. Por otra parte, los títulos de los tres primeros capítulos, titulados "Mag Smith, mi madre", "Muerte de mi padre" y "Mi nuevo hogar", relatados por un narrador en tercera persona, quieren sugerir que existe una interrelación entre la propia biografía de la autora y el personaje novelesco de Frado. Ambas comparten una serie de similitudes que se destacan, pues, en el texto y se corroboran en estos testimonios paratextuales (la delicada salud, el abandono del esposo, la penuria económica, etc.). Para algunos críticos, esta combinación es evidencia interna suficiente para poder concluir que este texto es tanto autobiográfico (y, por tanto, con un profundo anclaje en la narración de esclavos) como novelesco. A ello va unido también el reconocimiento por parte de Wilson, tanto en el prefacio como en las cartas que incluye en el apéndice, de que el libro ha sido escrito con la intención de ser vendido por razones apremiantes. De esta manera, el motivo que se explica en el cuerpo de la novela coincide con el que aparece en las cartas finales, es decir, en los documentos de legitimación de autenticidad de la historia. Sin embargo, cabe preguntarse, como lo hace Claudia Tate, si la esperanza que Wilson parece albergar de mejorar su situación económica con las ventas del volumen es realista o, por el contrario, lo que denomina sus "torpes bocetos", en un exquisito alarde de humildad literaria, no enmascaran "la alegoría de una autoría deseada" (115).

***

En *Nuestra Negra* se hallan rastros de narraciones de esclavitud, pero hay también una utilización de las convenciones de la ficción sentimental, en concreto tal y como habían sido consagradas por Harriet B. Stowe, con el fin de protestar por la opresión racial. Para ello Wilson recurre al tema de la maternidad, a su existencia y, más importante todavía, a su perversión y negación. *La cabaña del tío Tom* había sido obra principal para entender la remodelación a mediados del siglo XIX de uno de los elementos clave que conformaron la identidad de la clase media estadounidense: el papel de la mujer como madre y esposa, y la importancia de su influencia como protectora de lo político. En la tradición que Stowe encabeza existía un desafío importante y radical para la definición de comunidad que surge a raíz de la industrialización, como algo organizado por el trabajo, regido por los hombres y medido por la productividad. En vez de este ideal, las escritoras del XIX proponen un concepto alternativo basado en los valores maternales: la idea de comunidad como algo definido por la familia (más que por el trabajo), medido por las relaciones (más que por los productos), y dirigido por las mujeres (más que por los hombres). Para algunas investigadoras, como Elizabeth Ammons o Gillian Brown, esta es una visión de comunidad tan radical como la propuesta por las obras de escritores masculinos de la misma época (la de la salvación individual). No buscan estas autoras escapar de la sociedad, sino escapar hacia dentro de un sistema recobrado y reconstituido, más humano y menos violento que el que ofrece la América victoriana, un sistema modelado no sobre la base del individualismo, sino de la maternidad (Ammons 155).

Harriet E. Wilson, sin embargo, invertirá los términos de esta fantasía de matriarcado para ampliar el impacto político de *Nuestra Negra*. Lejos de simplemente remodelar la crisis racial con la metáfora de una domesticidad escindida, la escritora se apodera de la bandera del culto de la maternidad para subrayar cómo las mujeres blancas estadounidense en general (la señora Bellmont es norteña pero está imbuida de principios sureños) ejercen un papel activo en la creación, circulación y transferencia de valores sociales y son firmes colaboradoras en la arena política, al perpetuar en su propio terreno doméstico la opresión racial y económica no solo de las esclavas, sino de otras mujeres libres: las negras norteñas. Wilson transforma de esta forma el "ángel de la casa" en lo que ella misma denomina una "she-devil", en un "demonio". El icono victoriano del "ángel de la casa" dictaminaba que la esposa debía realizar funciones económicas y políticas. La ideología dominante consideraba el hogar como un refugio, como un dominio privado opuesto a la esfera pública del comercio y de la mercantilización. *Nuestra Negra* aparece como un intento novelístico por desmantelar el mito más reverenciado de la América del XIX: el de la santidad del hogar americano. El hogar se convierte en campo de batalla donde lo público se inmiscuye en lo privado, donde la intimidad individual es asaltada por la política pública nacional. Wilson muestra cómo la señora Bellmont modifica las funciones que la ideología doméstica nacional le atribuye y cómo, en lugar de ponerlas en práctica a manera de accesorios decisivos en los esfuerzos económicos y morales del esposo, las manipula y corrompe. La señora Bellmont tiene la responsabilidad de controlar la dirección de su hogar, de su familia y de los miembros adscritos a ella (Frado), para diseminar ciertos tipos de conocimientos e inculcar la moralidad cristiana, a través de los cuales se ha de asegurar la salvación propia y con ella la de la nación. Sin embargo, su incumplimiento de tales tareas no solo conduce a la perdición familiar, sino a la imposibilidad de regeneración moral de la República gracias a la hegemonía de los valores tradicionales y consagrados de la clase media.

Wilson llevará a cabo su crítica recurriendo al espacio doméstico y a la tradicional figura materna. De hecho, en la novela aparecen tres figuras maternas principales y con ellas tres niveles de argumentación que ocupan diversos espacios textuales. La primera historia es la de la propia autora (H. E. W.), como madre negra libre en su lucha titánica por la supervivencia propia y la de su hijo. Esta línea argumental aparece en el prefacio, en el capítulo XII ("Desenlace") y en los textos que forman el apéndice final. La segunda, pero primera dentro del cuerpo de la novela, es la historia de Mag, la madre blanca que abandona a su hija Frado; y la tercera, y principal dentro del desarrollo narrativo, es la de la señora Bellmont, la madre blanca que tortura física y psicológicamente a su "hija adoptiva" Frado/nuestra Negra.

Es necesario recordar, como se ha apuntado con anterioridad, que,s en la página del título, en la portada, Wilson firma la novela como escrita por "'Nuestra Negra'" y que para muchos críticos —entre ellos, como explica Gates (xxxiii), Herbert Ross Brown en *The Sentimental Novel in America 1789-1860* (1940)— el texto podría ser obra de un autor blanco. Esta confusión, sin embargo, es importante por lo mucho que dice de la manera en que se ha podido leer e interpretar la novela desde su misma publicación, puesto que desvela una de las estrategias discursivas que Wilson utiliza para la presentación de la obra, que toma prestada de las técnicas del espectáculo de *minstrel*: el "ennegrecimiento" de su identidad. Hay que señalar que el *minstrel show* es el espectáculo más original surgido en los Estados Unidos de preguerra, en concreto de las zonas urbanas del Norte, una mezcla de canciones, bailes y diálogos en clave cómica y burlesca, interpretados por blancos norteños maquillados y disfrazados de negros, en los que se parodia al negro, en especial al esclavo sureño, como ser grotesco y en los que la esclavitud aparece como algo divertido y natural. Este tipo de espectáculo también representa y explica el surgimiento de la división tajante entre una cultura popular y otra de élite. La apropiación de la cultura negra por parte de los blancos en el *minstrel show*, como ya reconocieron algunos de sus contemporáneos decimonónicos, no es otra cosa más que un robo cultural (como manifiesta Eric Lott), que turbó a los blancos, quienes se sentían atraídos hacia una cultura que al mismo tiempo estaban saqueando. De hecho, a finales de 1840 el *minstrel show* pasó a ser considerado como el arte teatral nacional más representativo, al tiempo que se convertía en espacio donde se dramatizaban las cuestiones políticas nacionales de raza y de clase. Pocos espectáculos teatrales en el país llegaron a alcanzar la popularidad de los *minstrel shows*. Contaron con el agrado tanto de las clases bajas como de las élites económicas y políticas, tanto de Estados Unidos como de Inglaterra, lugar frecuente de giras. Sin embargo, donde realmente triunfó fue entre la clase trabajadora blanca, puesto que lo que este espectáculo hizo fue captar de manera perfecta los sentimientos raciales de la América de preguerra, al presentar públicamente elementos estructurados según una ideología que diferenciaba la raza blanca de la negra y que los articulaba históricamente, respondiendo al mismo tiempo a las exigencias emocionales y a las fantasías del público. La forma de articular esta diferenciación racial obedeció a los intentos de reprimir, a través de la burla y el escarnio, el auténtico interés que las prácticas culturales afroamericanas despertaban entre los blancos. Como explica Lott, la imitación del negro por parte del blanco deja constancia del deseo que este siente por cruzar la línea de separación racial, y de la irrefrenable fascinación por lo negro y por sus prácticas culturales, lo que convierte el *minstrel show* no tanto en un signo del absolutismo del poder blanco como en un símbolo de su miedo, ansiedad y deseo.

Harriet E. Wilson, para poder presentarse a sí misma como autora y poder hacer circular la novela recurre al enmascaramiento de su identidad, paradójicamente, haciéndose pasar por "negra". La mediación entre autora/público lector se hace, pues, a través de la adopción de la máscara negra, tal y como era aceptada plenamente por la Norteamérica blanca de la época: la de "nigger". Este acto paradójico de travestismo —la negra que se disfraza de negra tal y como los blancos piensan que ha de ser una negra— es la vía que escoge para "representar" sobre el escenario textual su mensaje de denuncia. Teniendo en cuenta las limitaciones que la voz negra sufría dentro del ámbito discursivo blanco y más aún las que sufría la voz negra femenina, se entiende que Harriet E. Wilson solo decida hablar a través de un gesto de imitación de la identidad que le viene impuesta por los discursos del poder e intente salvar la barrera de la invisibilidad física y textual solo como "Our Nig"/"Nuestra Negra".

Ahora bien, la autoría que manifiesta en la portada se ve subvertida por el prefacio y el apéndice. La posición de estos textos como elementos paratextuales revestidos de autoridad extradiegética la transforma en lo que la misma rúbrica inicial excluye: "madre negra heroica". De hecho, la composición y la exposición pública (el dar a luz) de su propia novela, es decir, su dedicación a la ficción, quedan así revestidas de respetabilidad. Wilson reconstruye y rehace en su propia trayectoria vital la historia de la madre ficticia de Frado, su *alter ego* narrativo. Si la maternidad blanca representada por las dos madres de la protagonista (Mag y la señora Bellmont) incumple los dictámenes sagrados a los que debería obedecer, la maternidad negra —la que "H. E. W." simboliza— surge como alternativa triunfante, como la única digna en este paisaje textual de desolación y abandono. Wilson se presenta como lo que las dos figuras maternas principales de su narración no han sido, y reserva la apelación de madre a personajes situados en los márgenes del texto. El testimonio de Allida recoge una carta de la propia autora en la que comunica que por fin ha encontrado a una madre, la señora Walker: "Jamás olvidaré la expresión de aquel rostro "cetrino, pero bien parecido", cuando vino a visitarme un día y exclamó, '¡Oh, tía J—, por fin he encontrado un hogar, — y no solo un hogar, sino una *madre* también. Rebosante está mi copa. ¿Cómo pagaré al Señor todas las mercedes que me ha otorgado?'". La señora Walker de este texto del Apéndice es en el cuerpo de la novela "una mujer sencilla y pobre, capaz de ver el valor que se escondía bajo la piel oscura", quien "cuando la mulata inválida le contó sus tribulaciones" (Capítulo XII) la acoge en su corazón y en su casa. Wilson destaca así no solo la hipocresía del ideal doméstico, sino también la única posibilidad de encontrarlo a partir de la eliminación de los prejuicios raciales. Más aún, la señora Walker parece simbolizar la posibilidad de una hermandad entre mujeres norteamericanas basada no solo en el género, sino principalmente en la clase social, con exclusión de la raza y, en consecuencia, del racismo. Ante los discursos económicos contemporáneos de finales de la década de 1850, como explica David Roediger, donde la metáfora de la esclavitud para designar al proletariado blanco se abandona, Wilson la reintroduce para subrayar la importancia crucial de la base económica en los lazos que se establecen entre los oprimidos de la tierra de la libertad, en menoscabo de las clasificaciones raciales impuestas.

Respecto a Mag Smith, hay que señalar que los tres primeros capítulos de la novela están dedicados a ella. Mag es víctima de un seductor perteneciente a la clase alta. En cuanto se hace pública la noticia de su caída, se convierte en una proscrita. La marginación social que sufre la lleva en su desesperación a cruzar las líneas que separan las razas y casarse con un negro, Jim, con quien tiene dos hijos, acto *contra natura* para la cultura estadounidense decimonónica. El matrimonio tiene únicamente un fin económico para Mag. Tras la muerte de Jim, y viviendo de lleno en un pozo de miseria, se une a otro negro, Seth Shipley. La historia de Mag se inspira en la novelística sentimental, en concreto en la novela de seducción. Sin embargo, contrariamente a las heroínas típicas de clase media que mueren víctimas de su transgresión sexual, a Mag se la obliga a continuar luchando por su supervivencia. Su degradación económica, acrecentada por las oleadas de inmigración que cambiaron de manera importante las oportunidades que las mujeres disfrutaban en el mercado laboral de la década de 1840, la lleva inexorablemente a la corrupción moral. De hecho, la imbricación de los tres grandes temas que Wilson combina en la novela (género, raza, clase social) aparece ya en la historia de este personaje. Como subraya John Ernest, al remontarse a la vida de la madre blanca, Wilson hace patente dónde se arraiga la identidad de Frado (428). La protagonista abandona desde el principio los rasgos literarios que la puedan definir como personaje de la ficción proesclavista de la plantación o de la narrativa antiesclavista abolicionista y se convierte en un nuevo tipo de protagonista: la negra libre de extracción baja producto de la cultura norteña estadounidense, que verá reducidas todas sus posibilidades en la vida a la desgracia por ser mujer, negra y pobre, víctima de unas fuerzas sociales y políticas que marginan a la población negra libre en el Norte.

Frado es, en palabras de una de las firmantes de los textos del apéndice —Margaretta Thorn—, "una criatura hija de la desventura". Mag abdica de su papel materno y realiza, empujada por las circunstancias, aunque no eximida por ellas, un acto sacrílego: el abandono de su hija. Contrariamente a lo que ocurre en el Sur esclavista, donde a la madre negra se le arrebata por la fuerza a los hijos, aquí es Mag quien inicia y lleva a término una separación que marca la caída en desgracia de su propia hija. Descrita desde el principio como biracial, Frado aparece en los capítulos centrales de la novela como el único personaje de color al que se le obliga a llevar el peso de lo que Carla L. Peterson denomina "la autorrepresentación negra" (165). Contrariamente a las convenciones que rigen la clasificación racial de la época, Frado no hereda la condición de la madre, como persona libre, ni tampoco la de su padre, quien también es libre. Su única herencia es la negritud del padre, hecho que pone de relieve el cinismo legal de las leyes y la posibilidad de tergiversación por parte del poder, que acomoda sus propias definiciones para que el patrón principal de clasificación social continúe siendo el color de la piel en el Norte libre.

El rechazo que Mag siente hacia su propia hija y su abandono ante la puerta de la mansión de los Bellmont atará a Frado a un sistema de servidumbre que solo finalizará cuando pasen doce años. Sin embargo, este desamparo físico materno se reviste de tintes todavía más trágicos porque desposee a Frado de todo signo de identidad, de toda raíz. De ahí que la huida de Mag adquiera connotaciones criminales y que se interprete como un momento iniciático en la vida de la niña, tal y como corrobora Margaretta Thorn en su testimonio en el Apéndice, siguiendo las convenciones de la novelística sentimental centradas en el personaje de la joven huérfana/abandonada. Más aún, Frado se ve clasificada como "nuestra Negra", cuando se halla irónicamente privada de cualquier referencia o vínculo con el grupo con el que se la identifica. El anhelo de encontrarse relacionada con alguien, aunque sea con sus propios opresores, es lo que parece impulsarla a no huir y a soportar estoicamente el maltrato en la casa Bellmont.

Esta necesidad de cobijo emocional explica también en parte las consecuencias de su propia historia de seducción. Wilson intenta realizar una diferenciación a lo largo de la novela entre los diversos grupos que componen lo que desde el exterior se percibía como simplemente "negros". En el prefacio menciona claramente que, si bien existen similitudes, también existe una profunda distinción entre las experiencias vividas por los esclavos sureños y los negros libres del Norte. Sin embargo, en el último capítulo de la novela, Frado será víctima de su propia ceguera ante la ilusión de una utópica comunidad de intereses basada en el color de la piel, y se pondrá una vez más de relieve la importancia de lo económico junto con lo racial. En el capítulo XII se cuenta cómo el joven negro del que se enamora Frado se aprovecha de la ideología reformista del abolicionismo norteño para hacerse pasar como esclavo fugitivo y engañarla. Si la historia de seducción de Mag es relatada en tres capítulos, la de su hija ocupa únicamente unas cuantas líneas. Este desenlace deja constancia no solo de la profunda soledad espiritual en la que ha vivido Frado, sino más importante aún, del fraude de los lenguajes del poder sobre la esclavitud y la negritud del Sur y del Norte. El supuesto fugitivo enmascara su identidad con palabras aprendidas. Wilson intentará con su narración desenmascarar hasta donde le es posible los códigos vigentes para descubrir un fraude todavía más profundo: el mito de la diferenciación entre las dos secciones, Norte y Sur, en aras de la esclavitud. En una palabra, la contradicción de los principios republicanos nacionales.

La figura materna más destacada de la novela es, sin duda, la señora Bellmont, quien como madre adoptiva de Frado incumple todas las obligaciones a las que la somete la doctrina doméstica decimonónica. Barbara Welter explica cómo el ideal femenino victoriano se hallaba circunscrito a la práctica de cuatro virtudes: compasión, castidad, sumisión y sacrificio (21). Estas cualidades se encuentran en esta mujer hasta tal punto tergiversadas que hacen de ella un verdadero monstruo. El hogar regido por la norteña señora Bellmont es un antihogar, pues infringe los principios sagrados que lo definen al convertirse, en primer lugar, en maquinaria de destrucción de los lazos de parentesco, en segundo, en mazmorra inquisitorial y, por último, en templo idólatra que pervierte la santidad de la casa cristiana al desposeerla de cualquier principio moral. De hecho, Wilson bien habría podido sustituir la segunda parte del título de su novela por otra más acorde con las intenciones que muestra de relectura crítica de la novela de Harriet B. Stowe. Si la esclavitud que aparece en *La cabaña del tío Tom* viene denominada como "Life

Among the Lowly", la vida entre los humildes, la existencia en el Norte en *Nuestra Negra* podría haberse presentado como "Life Among the Upper Class", es decir, la vida entre los ricos.

El retrato que Wilson traza de la señora Bellmont es la negación misma de la feminidad y de los rasgos maternos. La relación que establece con Frado desde el principio es una disposición que únicamente tiene en cuenta la ética capitalista de la propiedad y del provecho económico. A sus ojos la negra libre deja de ser libre, deja de ser mujer y prevalece únicamente como sujeto desposeído no solo de cualquier derecho, sino de cualquier atributo humano. Frado se convierte en un animal, como demostrará en el texto su relación con el único amigo que posee, el perro Fido. Ante la privación desde su más tierna niñez de todas estas prerrogativas, Frado se comporta al principio de la novela como una noble salvaje. Para ello Wilson recurre a uno de los estereotipos más sobresalientes de la literatura del momento, que ya había sido utilizado con éxito por Stowe en su personaje cómico de Topsy, propio de los espectáculos de *minstrel*: el de la negra que "está por civilizar", la antítesis negra de la pequeña y virginal Evangeline. En sus años de niñez, Frado, al igual que Topsy, está concebida como un ser natural que ha de ser controlado, si bien hace las delicias de algunos que la rodean con sus tretas para defenderse de los que son más fuertes que ella, ya sean los niños de la escuela o el carnero testarudo. Los rasgos de Topsy, tanto físicos como espirituales, funcionan no solo como contraste frente a la pequeña Eva, sino como indicio de la batalla moral entre ellas dos como representantes de la raza africana y caucasiana, respectivamente. Eva acabará domesticando a Topsy, convirtiéndola y redimiéndola del pecado. Pero en *Nuestra Negra* no existirá ningún personaje que, como la pequeña Eva con Topsy, pueda salvar a la protagonista de la opresión que sufre. Para la señora Bellmont Frado está condenada a ser exclusivamente una indispensable fuerza de trabajo a su servicio por causa de su raza.

La destrucción de Frado, sin embargo, no se produce de forma aislada. Como figura de autoridad que abusa del poder conferido por el culto de la domesticidad, la señora Bellmont inconscientemente orquesta también la caída de la casa Bellmont. Wilson parece sugerir aquí la indisolubilidad de la dicotomía racial que escinde a la nación. Frado acabará sus días en desgracia, pero los hijos de la señora Bellmont también serán castigados por los pecados de los padres, puesto que si la madre peca por acción, el padre lo hace por omisión. El señor Bellmont muestra gran simpatía y compasión hacia Frado, pero en realidad su pasividad, junto con la de los otros miembros de la familia, tiene peores consecuencias que la agresividad y violencia que despliega la esposa. Como patriarca tiene autoridad para corregir el comportamiento de la señora Bellmont, pero se niega. Su única respuesta es el silencio que acata o su desaparición del escenario de conflicto.

Por su parte, Jack y Jane acabarán abandonando la casa paterna en un gesto de deserción familiar, mientras que James y Mary, si bien de manera diferente, encontrarán la muerte. La tía Abby intentará también ayudar a Frado encauzándola en el camino de la religión, y la señora Moore la acoge cuando se marcha de la casa de los Bellmont. Sin embargo, ninguno de estos personajes es capaz de enfrentarse a la omnipotente señora Bellmont. Para Ammons, la novela "se burla del mito de la madre salvadora y de la idea de que existe una comunidad escondida pero poderosa y subversiva de mujeres capaces de dispensar una caridad enraizada a los valores maternales fuera del sistema capitalista" (182). De hecho, dentro de los límites textuales de la narración, la palabra "hogar" está exenta de cualquier connotación positiva para Frado: ha sido echada del propio por su madre verdadera; la señora Bellmont se encarga de que la casa Bellmont sea para ella una prisión, y su vida como mujer independiente no le deparará más que un constante deambular en busca de un hogar ideal, que parece no poder hallar. Frado, como esposa y madre, verá frustrados sus intentos por alcanzar el ideal doméstico y se hallará condenada a la beneficencia de las almas caritativas. Como negra libre en el Norte de preguerra, Frado se ve excluida del mito doméstico y condenada a la marginalidad.

El hogar de los Bellmont no solo se halla desposeído de los atributos necesarios para conformarlo como refugio de sus componentes, sino que es también una inmensa mazmorra. En la ficción decimonónica el espacio doméstico se halla dividido en zonas que adquieren connotaciones simbólicas. El desván es el lugar del silencio, de la invisibilidad, de tumba para una muerte en vida. En la casa Bellmont a Frado también se le asigna desde el principio este espacio, alejado a través de pasajes laberínticos del resto de las dependencias. Pero los sufrimientos de la negra no tienen lugar exclusivamente en esta zona tradicional del gótico novelístico. Karen Halttunen explica que, durante el período de preguerra, debido a la transformación de la economía y su cambio al mundo industrial, el hogar se vio privado de su papel como centro de producción de riqueza económica y pasó a ser entendido como una esfera social separada, como retiro o refugio del mundo. La idealización del espacio doméstico hizo que la clase media lo considerara entonces como el reino del amor desinteresado en contraposición al mercantilismo reinante en la calle. La responsabilidad social de la mujer se definió como la de proteger y preservar ese espacio, que lo cerrase herméticamente a las influencias malignas externas. Sin embargo, entre los dos territorios, el público de los extraños y el privado familiar, se necesitaba delimitar un tercero donde pudieran confluir ambos extremos. Y esta área se encontró en el salón, un lugar que proporcionó a la señora de la casa un "podium cultural" desde el que poder ejercer su influencia moral sobre la sociedad norteamericana (59). De ahí que una de las perversidades añadidas al personaje de la señora Bellmont sea su poder para transformar toda la casa, salón incluido, en mazmorra, puesto que Frado es torturada y vilipendiada en todas las estancias, incluido este tercer espacio, del que es en un principio excluida por su calidad de criada negra. Más aún, será en la cocina, como apunta Julia Stern, donde se produzcan las escenas de más violencia y brutalidad contra la protagonista. En *La cabaña del tío Tom*, la cocina simboliza el corazón del hogar. Mientras una cocina ordenada significa la felicidad familiar, una caótica se convierte en reflejo de la antítesis de la economía doméstica, es decir, de los cambios en el mundo mercantil, y la causa del desorden habrá que buscarla en la desorganización que la esclavitud produce en la economía familiar. El colapso de la domesticidad se instaura allá donde este espacio no existe o se ve pervertido en su adecuado uso. En *Nuestra Negra* la cocina es el lugar donde la señora Bellmont guarda el látigo (capítulo III); donde descarga contra Frado un "incesante torrente de reprimendas, bofetadas y amenazas" (capítulo VI); y teatro en el que se deleita por representar sus escenas de tortura: "Lo que más la deleitaba era entrar en aquella estancia de forma aparatosa, empezar a vociferar órdenes, descargar unos cuantos golpes a Negra para acelerarle el paso, y volver al salón con una profunda expresión de satisfacción al sentirse congratulada por su dominio de las artes domésticas" (capítulo VIII). De esta manera, la señora Bellmont corrompe incluso el receptáculo de la respetabilidad del espacio doméstico tiñéndolo de sangre. Un espacio que, como indica Hazel V. Carby, semeja la nación, donde la resolución de aquellos que intentan ayudar a Frado, como la de los que se esforzaban aparentemente por desmantelar el sistema esclavista, se desvanece ante la más nimia posibilidad de conflicto (44), quedándose sus intentos en agua de borrajas.

La maldad de la señora Bellmont adquiere, sin embargo, su tono más apocalíptico en su irreverencia hacia la condición espiritual de la negra. Su comportamiento con Frado se hace todavía más escandaloso cuando se tiene en cuenta que las formas culturales que adquiría la tipología de conducta prescrita en este período se basa en la creencia de que cualquier aspecto del comportamiento social exhibía de manera totalmente transparente los contenidos del alma (Halttunen 60). La señora Bellmont priva sistemáticamente a Frado de cualquier contacto con la religión. Como subraya el historiador John H. Franklin, la iglesia era tan importante para el esclavo, como para el negro libre, puesto que los servicios religiosos daban la oportunidad de que experimentasen lugar no solo la elevación espiritual propia de tales actos, sino también el contacto social entre los demás asistentes (227). La casa blanca de dos plantas del Norte se convierte así en espacio negro de privación espiritual para Frado. *Nuestra Negra*, desde este punto de vista, demuestra cómo la raza también limita el acceso a la vida religiosa, al acercamiento con Cristo y a la redención de la afroamericana.

La historia de conversión de Frado es una narración inconclusa. Frado se verá incapacitada de separar las imágenes terrenales que asocian el cristianismo con lo blanco, del cristianismo como experiencia religiosa que trasciende los discursos temporales. Frado cree que su negritud la condena irremediablemente a una vida de miseria, tanto en el mundo en el que vive como en el que le aguarda en el más allá, es decir, que la muerte no trasciende la cuestión de la raza. Su estancia en la casa Bellmont, a través del adoctrinamiento de la señora Bellmont, la ha llevado a interiorizar a la fuerza que lo único moralmente bueno es lo blanco. De esta manera, el cielo es un lugar donde solo tienen cabida los blancos, pues nunca se da respuesta a la pregunta que ella misma realiza de si existe un cielo para los negros. En contraste con la señora Bellmont, su hijo James y la tía Abby procurarán ofrecer a la joven las enseñanzas y guías espirituales de las que ha sido desposeída por el ama. Sin embargo, el cristianismo tal y como se lo presentan estos personajes no ofrece a Frado una verdadera salvación moral, ni le proporciona los medios para llegar a una comprensión más adecuada de sí misma, ni los instrumentos necesarios para hacer frente a su opresión terrenal. Incluso en el momento en que se halla a punto de liberarse del dominio de la señora Bellmont, la asimilación del sistema de valores morales que esta, en representación de la sociedad, le ha empujado a realizar la lleva a pensar que por ser negra está destinada a la marginalidad. Frado surge así en el texto como mártir, como Cristo sufriente, si bien de un modo diametralmente opuesto a su excelso antecesor literario: el tío Tom. Harriet B. Stowe popularizó en su novela lo que el historiador George Fredrickson detecta como uno de los puntos cruciales del "romantic racialism", una teoría fruto del romanticismo y de la religión evangélica: la concepción de la personalidad del afroamericano como sujeto en el que prima el sentimiento sobre el intelecto, y en el que se revelan una serie de virtudes redentoras. El "cristiano natural" de Stowe se convierte en Frado en la escéptica que no logra realizar su conversión. Por otra parte, la desesperación y escepticismo religiosos que se apoderan de la joven no se deben únicamente al hecho de que para ella lo espiritual es monopolio de los blancos, sino a un factor todavía más determinante en esta novela: la separación absoluta de Frado de cualquier tipo de comunidad negra. En *Nuestra Negra* el crecimiento y desarrollo físico y moral de la protagonista se realiza en un espacio tan exclusivamente blanco que se torna tan irreal y terrorífico como la inconmensurable blancura de la ballena melvilliana. De hecho, la vida de Frado transcurre en un verdadero aislamiento físico y moral de lo negro. Clasificada y denominada "nuestra Negra", no existe ningún otro personaje afroamericano en los capítulos centrales de la obra. En los primeros aparecerán los dos hombres negros a los que su madre se une, su padre Jim y Seth; y en el último, surgirá otro, Samuel. Pero los tres la abandonarán. Wilson subraya así los peligros de la separación de la propia comunidad negra, el racismo inherente al cristianismo y a la iglesia blanca y la falsa universalidad de este credo. La autora escribe desde la tradición romántica y desde el sentimentalismo, pero a diferencia de otros autores considera que la trascendencia espiritual no es fuente válida de salvación social y personal.

*Nuestra Negra* es, en conclusión, una novela que cuestiona el sistema político y social estadounidense de preguerra. La lección que parece transmitir es que la solución a los problemas en los que estaba inmersa la población negra libre y, en concreto, las mujeres, había de pasar necesariamente por el rechazo del racismo y de sus discursos políticos, científicos, religiosos y económicos. Elizabeth Ammons califica la novela de "libro resentido" (181), y no cabe duda de que lo es, pues es el resultado de la visión del mundo de una mujer negra libre, Harrriet E. Wilson, al constatar que Frado, su *alter ego* en la ficción, se ve condenada a permanecer fuera del culto de la domesticidad, fuera del cuerpo político nacional y —lo que podría ser todavía peor en la Norteamérica de preguerra— fuera de la regeneración espiritual. Si la corrupción de los valores nacionales queda patente en la exclusión de "nuestra Negra" de la hermandad cristiana, no es menos delito el de la marginalidad de *Nuestra Negra* de la historia literaria norteamericana.

# Bibliografía

## Edición

*Our Nig; or, Sketches from the Life of a Free Black, in a Two-Story White House, North. Showing That Slavery's Shadows Fall Even There. By "Our Nig"*. 1859. Ed. Henry Louis Gates, Jr. New York: Vintage Books, 1983.

## Estudios críticos

Ammons, Elizabeth. "Stowe's Dream of the Mother-Savior*: Uncle Tom's Cabin* and American Women Writers Before the 1920s". *New Essays on "Uncle Tom's Cabin"*. Cambridge, New York: Cambridge UP, 1993. 155-195.

Andrews, William L. *To Tell a Free Story: The First Century of Afro-American Autobiography, 1760-1865*. Urbana: U of Illinois P, 1986.

———. "The Novelization of Voice in Early African American Narrative". *PMLA* (January 1990): 23-34.

Bassard, Katherine Clay. "'Beyond Mortal Vision': Harriet E. Wilson's *Our Nig* and the American Racial Dream-Text". *Female Subjects in Black and White: Race, Psychoanalysis, Feminism*. Ed. Elizabeth Abel, Barbara Christian. Berkeley, Calif.: U of California P, 1997. 187-200.

Baym, Nina. *Women's Fiction: A Guide to Novels by and about Women in America, 1820-1870*. Ithaca: Cornell UP, 1978.

Bell, Bernard. W. *The Afro-American Novel and Its Tradition*. Amherst: U of Massachusetts P, 1987.

Breau, Elizabeth. "Identifying Satire: *Our Nig*". *Callaloo* 16 (Spring 1993): 455-465.

Brown, Gillian. *Domestic Individualism: Imagining Self in Nineteenth-Century America*. Berkeley, London: U of California P, 1990.

Carby, Hazel V. "'Hear My Voice, Ye Careless Daughters': Narratives of Slave and Free Women before Emancipation". *Reconstructing Womanhood: The Emergence of the Afro-American Woman Novelist*. New York, Oxford: Oxford UP, 1987. 40-62.

Cogan, Frances B. "Weak Fathers and Other Beasts: An Examination of the American Male in Domestic Novels, 1850-1870". *American Studies* XXV (Fall 1984): 5-20.

Curtis, David Ames & Henry Louis Gates, Jr. "Establishing the Identity of the Author of *Our Nig*". *Wild Women in the Whirlwind: Afra-American Culture and the Contemporary Literary Renaissance*. Eds. Joanne M. Braxton & Andrée N. McLaughlin. London: Serpent's Tail, 1990. 48-69.

Davis, Cynthia J. "Speaking the Body's Pain: Harriet Wilson's 'Our Nig'". *African American Review* 27 (Fall 1993): 391-404.

———. "Harriet E. Wilson (1827?-1863?)". *Nineteenth-Century American Women Writers: A Bio-Bibliographical Critical Sourcebook*. Eds. Denise D. Knight & Emmanuel S. Nelson. Westport, Conn.: Greenwood P, 1997. 484-489.

Dearborn, Mary V. "Strategies of Authorship in American Ethnic Women's Fiction: Midwiving and Mediation". *Pocahontas's Daughters: Gender and Ethnicity in American Culture*. New York: Oxford UP, 1986. 31-47.

Doriani, Beth MacLay. "Black Womanhood in Nineteenth-Century America: Subversion and Self-Construction in Two Women's Autobiographies". *American Quarterly* 43 (June 1991): 199-222.

Ernest, John. "Economies of Identity: Harriet E. Wilson's *Our Nig*". *PMLA* 109 (May 1994): 424-438.

Foreman, P. Gabrielle. "The Spoken and the Silenced in *Incidents in the Life of a Slave Girl* and *Our Nig*". *Callaloo* 13 (Spring 1990): 313-324.

Foster, Frances Smith. "Adding Color and Contour to Early American Self-Portraitures: Autobiographical Writings of Afro-American Women". *Conjuring: Black Women, Fiction, and Literary Tradition*. Eds. Marjorie Pryse and Hortense J. Spillers. Bloomington: Indiana UP, 1985. 25-38.

Fox-Genovese, Elizabeth. "My Statue, My Self: Autobiographical Writings of Afro-American Women". *Reading Black, Reading Feminist: A Critical Anthology*. Ed. Henry L. Gates, Jr. New York: Meridian, 1990. 176-203.

Franklin, John H. *From Slavery to Freedom: A History of American Negroes*. New York: Knopf, 1967.

Fredrickson, George M. *The Black Image in the White Mind: The Debate on Afro-American Character and Destiny 1817-1914*. New York: Harper & Row, 1971.

Gaines, Francis P. *The Southern Plantation: A Study in the Development and the Accuracy of a Tradition*. Gloucester, Mass.: Peter Smith, 1962.

Gardner, Eric. "'This Attempt of Their Sister': Harriet Wilson's *Our Nig* from Printer to Readers". *New England Quarterly* 66 (1993): 226-246.

Gates, Henry Louis Jr. "Introduction". *Our Nig; or, Sketches from the Life of a Free Black, in a Two-Story White House, North. Showing That Slavery's Shadows Fall Even There. By "Our Nig"*. New York: Vintage Books, 1983. xi-lv.

Gossett, Thomas F. *"Uncle Tom's Cabin" and American Culture*. Dallas, Texas: Southern Methodist UP, 1985.

Greene, J. Lee. *Blacks in Eden: The African American Novel's First Century*. Charlottesville, Va.: The UP of Virginia, 1996.

Halttunen, Karen. *Confidence Men and Painted Women: A Study of Middle-Class Culture in America, 1830-1870*. New Haven & London: Yale UP, 1982.

Herndl, Diane P. "The Invisible (Invalid) Woman: African-American Women, Illness, and Nineteenth-Century Narrative". *Women's Studies* 24 (September 1995): 553-572.

Holloway, Karla F. C. "Economies of Space: Markets and Marketability in *Our Nig* and *Iola Leroy*". *The (Other) American Traditions: Nineteenth-Century Women Writers*. Ed. Joyce W. Warren. New Brunswick, NJ: Rutgers UP, 1993. 126-140.

Ibarrola Armendariz, Aitor. "Harriet E. Wilson's *Our Nig*: An Idiosyncratic Attempt to Locate the Color Line in Terms of Class, Gender and Geography". *Literature and Ethnicity in the Cultural Borderlands*. Eds. Jesús Benito y Ana Mª Manzanas. Amsterdam, New York: Rodopi, 2002. 23-33.

Johnson, Ronna C. "Said but Not Spoken: Elision and the Representation of Rape, Race, and Gender in Harriet E. Wilson's *Our Nig*". *Speaking the Other Self: American Women Writers*. Ed. Jeanne C. Reesman. Athens, Ga.: U of Georgia P, 1997. 96-116.

Leveen, Lois. "Dwelling in the House of Oppression: The Spatial, Racial, and Textual Dynamics of Harriet Wilson's *Our Nig*". *African American Review* (Winter 2001): 561-580.

Lindgren, Margaret. "Harriet Jacobs, Harriet Wilson and the Redoubled Voice in Black Autobiography". *Obsidian II* 8 (Spring-Summer 1993): 18-38.

Lott, Eric. *Love and Theft: Blackface Minstrelsy and the American Working Class*. New York, Oxford: Oxford UP, 1993.

Lovell, Thomas B. "By Dint of Labor and Economy: Harriet Jacobs, Harriet Wilson, and the Salutary View of Wage Labor". *Arizona Quarterly* 52 (Autumn 1996): 1-32.

Mitchell, Angelyn. "Her Side of His Story: A Feminist Analysis of Two Nineteenth-Century Antebellum Novels: William Wells Browns' *Clotel* and Harriet E. Wilson's *Our Nig*". *American Literary Realism* 24 (Spring 1992): 7-21.

Peterson, Carla L. "'Forced to Some Experiment': Novelization in the Writings of Harriet A. Jacobs, Harriet E. Wilson, and Frances Ellen Watkins Harper". *"Doers of the Word": African-American Women Speakers and Writers in the North (1830-1880)*. New Brunswick, New Jersey & London: Rutgers UP, 1995. 146-175.

Roediger, David M. *The Wages of Whiteness: Race and the Making of the American Working Class*. London: Verso, 1991.

Sterling, Dorothy. *We Are Your Sisters: Black Women in the Nineteenth Century*. New York, London: W. W. Norton & Company, 1984.

Stern, Julia. "Excavating Genre in *Our Nig*". *American Literature* 67 (1995): 439-466.

Soto, Isabel. "Betwitx and Between: The Case of *Our Nig*". *Myth and Ritual in African American and Native American Literatures*. Eds. Laura P. Alonso & María del Mar Gallego. Huelva: U de Huelva, 2001. 207-220.

Tate, Claudia. "Allegories of Black Female Desire: Or, Rereading Nineteenth-Century Sentimental Narratives of Black Female Authority". *Changing Our Own Words: Essays on Criticism, Theory, and Writing by Black Women*. Ed. Cheryl A. Wall. New Brunswick, NJ: Rutgers UP, 1989. 98-126.

Welter, Barbara. *Dimity Convictions*. Athens: Ohio UP, 1976.

West, Elizabeth J. "Reworking the Conversion Narrative: Race and Christianity in *Our Nig*". *Melus* (Summer 1999).

White, Barbara A. "*Our Nig* and the She-Devil: New Information about Harriet Wilson and the 'Bellmont' Family". *American Literature* 65 (1993): 19-52.

Yarborough, Richard. "Strategies of Black Characterization in *Uncle Tom's Cabin* and the Early Afro-American Novel". *New Essays on "Uncle Tom's Cabin"*. Cambridge, New York: Cambridge UP, 1993. 45-84.

Yellin, Jean Fagan and John C. Van Horne, eds. *The Abolitionist Sisterhood: Women's Political Culture in Antebellum America*. Ithaca and London: Cornell UP, 1994.

NUESTRA NEGRA,

O

ESBOZOS DE LA VIDA DE UNA NEGRA LIBRE

EN UNA MANSIÓN BLANCA DE DOS PLANTAS EN EL NORTE,
QUE ATESTIGUAN QUE LAS SOMBRAS DE LA ESCLAVITUD
SE ALARGAN INCLUSO HASTA ALLÍ,

POR "NUESTRA NEGRA"

Sé
que para muchas frentes la solicitud llega acompañada de férreas coronas;
que por doquier surgen calvarios donde
la virtud es crucificada, y los clavos y las lanzas
derraman sangre inocente; que la tristeza se asienta y bebe
de los corazones más dulces hasta que les sorbe la vida;
que los espíritus amables desfallecen y se fortalecen
en el potro de tortura, que rezan y maldicen;
que las tentaciones del infierno, ataviadas con ropajes celestiales
y armadas de poder, acechan escondidas
en el camino de la vida, tomándonos por sorpresa a todos.

JOSIAH GILBERT HOLLAND

BOSTON
IMPRENTA DE GEORGE C. RAND & AVERY
1859

# PREFACIO

Al presentar al público las siguientes páginas, la autora quiere hacer confesión de su torpeza por intentar procurar el deleite a los lectores refinados y cultos que plumas más capaces acostumbran a regalar. Estos desmañados bocetos no están dirigidos a ellos. Abandonada por mis familiares y aquejada de una frágil salud, me veo obligada a empeñarme en ejercicios que ayuden a mi manutención y a la de mi hijo, sin que con ellos se me extingan las menguadas fuerzas que me restan. Por estas razones no tengo ninguna intención de atenuar la gravedad de la esclavitud tal y como se manifiesta en el Sur, al descubrir sus reflejos en el Norte. Mi ama tenía los principios *sureños* muy bien inculcados. Tampoco está dentro de mis pretensiones divulgar todos los sucesos que jalonan mi propia vida, que los imparciales los juzgarán adversos en comparación con el trato que reciben aquellos que la ley denomina esclavos, por lo que he omitido a propósito todo aquello que provocaría la vergüenza de nuestros buenos amigos antiesclavistas del Norte.

Albergo la esperanza de que la humilde posición que ostento y mi sincera confesión de errores me resguardarán de juicios severos. En realidad, los defectos son tan manifiestos que no se necesita de una mano demasiado hábil para poderlos exponer.

Apelo con gran sinceridad de corazón a la condescendencia de todos mis hermanos de color, con la confianza de que no condenen el intento de una hermana suya que ha querido mostrarse letrada, y me concedan su más leal apoyo e incondicional defensa.

H. E. W.

# CAPÍTULO I

## MAG SMITH, MI MADRE

¡Oh, pesar de todos los pesares, que el destino
deja por vez primera al joven corazón solo y desolado
en este ancho mundo, sin el único lazo
por el que ansiaba la vida y temía la muerte;
sin amparo como el desconcertado laúd que nunca volvió a hablar
desde el triste día en que se le quebraron las cuerdas!

MOORE[1]

¡SOLITARIA MAG SMITH! Miradla mientras camina con ojos tristes y apesadumbrado corazón. No siempre fue así. Una vez aquel corazón se *halló* pletórico de amor y de confianza. Privada de la tutela paterna en la tierna infancia y alejada de sus parientes, se vio forzada a manejar sola e inexperta su pequeña barca por entre las olas de la vida. Cuando creció y se convirtió en mujer, desamparada, sin estima alguna y sin nadie que se preocupase de su bienestar, llegó hasta sus oídos la música del amor, que hizo despertar en ella las más profundas pasiones largo tiempo dormidas. En susurros le habló de una exaltación a la que nunca antes había aspirado, de un gozo y de una plenitud que su humilde alma nunca antes había soñado para sí. Conocía aquella voz que la seducía; tan arrebatadora era que le parecía celestial, como si perteneciese a un ángel que la arrastraba hacia caminos más excelsos. Entonces creyó poder ascender hasta él y convertirse en su igual. A la sazón le entregó una joya inestimable, que él guardó con orgullo como trofeo junto con las de las demás víctimas. Luego la abandonó a su suerte. El mundo se tornó un lugar lleno de ruines impostores y demoledora arrogancia. Consciente de que el fuerte lazo que la unía a los conocidos de entonces se había roto y de que el desdén de muchos otros le sería insoportable, decidió dejar a los pocos amigos que poseía y buscar asilo entre los extraños. Su retoño llegó a un mundo que se mostró hostil ante su llegada, y antes de que hubiese pasado una semana desde su

---

[1] Thomas Moore, "Lalla Rookh", *The Poetical Works of Thomas Moore* (London and New York: Frederick Warne and Co., 1891, 395).

nacimiento, abandonó la tierra y ascendió hacia una vida más pura y bienaventurada.

"Alabado sea el Señor", exclamó Mag, mientras era testigo de los últimos esfuerzos de aquella criatura por respirar. "Nadie podrá *someterla* al escarnio por mi deshonra".

¡Bendita liberación!, responderemos todos. Son muchas las almas castas e inocentes que llegan al mundo no solo con la herencia de un corazón corrupto, que reclama observación y comedimiento a lo largo de la vida, sino también con la de la desgracia e infamia paternas, de las que únicamente se podrán librar con largos años de paciente entereza por los caminos de la rectitud.

El nuevo hogar de Mag se vio prontamente emponzoñado a causa de las noticias de su perdición, por lo que la afrenta por la bajeza en la que había caído la empezó a asfixiar. Mas ella resolvió comportarse con prudencia y recuperar lo que en parte había perdido. En cuanto lo intentó, las malas lenguas se mofaron de su deshonra, y las miradas que se apartaban a su paso y la frialdad de los saludos con que se la recibía la descorazonaron. Al advertir que no podía enterrar en el olvido aquel delito, decidió abandonar el hogar e ir en busca de otro en el lugar del que en un principio había huido.

¡Pero, ay, qué miedo nos da ser los primeros en extender la mano para ayudar a aquellos que tropiezan en el lodazal de la infamia, y pronunciar las primeras palabras de esperanza y consejo a aquellos que tratan de salir a la luz de la moralidad! ¡Quién sabe cuántos de los que se han adelantado apenas lo justo para oír unas frías palabras de bienvenida y unirse a la circunspecta conversación de los que se llaman a sí mismos reformistas, desilusionados y abatidos, han elegido continuar viviendo en inmundas moradas antes que tropezarse con estos santurrones de la humanidad!

Esto es lo que le ocurrió a Mag. Al negarse a solicitar el favor o la amistad de aquel mundo displicente, determinó enclaustrarse en una choza, por la que había pasado en días mejores y que sabía deshabitada. Juró que no pediría amparo a ningún rostro conocido; que moriría abandonada y olvidada antes que tener que depender de alguien. Alejada de la aldea, rara vez se la veía de otro modo que no fuese el que habéis leído, amable lector, en la presentación: con los ojos tristes, de camino a casa de su patrón, para devolver la faena con que se mantenía y que constituía su único medio de subsistencia. Durante dos años muchas fueron las manos que codiciaron realizar la misma tarea que ella ejercía. Se lo disputaron extranjeros que abarataron el precio de aquel trabajo y que lo exigieron para sobrevivir en aquel país, y al final se quedó ella sin sustento. A la sazón se vio obligada a trabajar como una esclava. De vez en cuando algunas amistades de antaño la solicitaban para que las aliviase con su ayuda, que ella siempre estaba dispuesta a ofrecer por las ganancias que aquellos favores le reportaban. Pero la relación con aquellas gentes significaba un recuerdo enormemente doloroso del pasado y regresaba a su cabaña tan malhumorada y con el corazón tan lleno de rencor que rehusaba todos los ofrecimientos para vivir en una casa más digna de la que poseía. Vivió de esta suerte durante unos cuantos años, abrazada a sus agravios, pero sin esforzarse por huir de aquella penuria. Nunca había conocido la abundancia, apenas la suficiencia, mas el presente no podía compararse con aquellos años de inocencia en los que era poseedora de la corona de la virtud.

Cada año que transcurría aumentaba su melancolía al tiempo que disminuían sus medios. Al final parecía como si ya no le importase a nadie, excepto a un negro de buen corazón, que con frecuencia la visitaba para preguntar por su salud y ver si necesitaba combustible, pues suya era la tarea de suministrar tal producto, mientras que la de Mag era la de remendar o coser ropa.

"¿Cuánto vas a ganar esta semana, Mag?", le preguntó él un sábado por la noche.

"Bien poco, Jim. Me voy a tener que quedar dos o tres días sin cenar. Les he lavado la ropa a los Reed y le he hecho un trabajillo a la señora Bellmont, pero nada más. A no ser que consiga algo más de faena, dentro de poco me moriré de hambre. La gente parece que tenga miedo de venir hasta aquí, como si pensasen que se van a contagiar de alguna terrible enfermedad. Creo que todo el mundo se llevaría una gran alegría si me muriese y desapareciese de la faz de la tierra".

"¡No, Mag, no! ¡No digas eso! Tú no te vas a morir de hambre mientras a mí me quede combustible que repartir. Peter Greene no me obliga a pagarle mucho por el alojamiento. Aunque nadie lo haga, yo te ayudaré".

Una lágrima asomó por el triste ojo de Mag. "Me alegro", dijo con un tono de voz más calmado que el que había utilizado antes, "de que al menos haya *una* persona a la que no le guste verme padecer. Creo que todo Singleton quiere verme acabada, pues la gente se cree con derecho a decir hasta cuándo me ha de durar el escarmiento, y pienso que todavía falta mucho para que todos se contenten".

Después de que Jim terminase la ronda habitual del reparto de combustible, regresó a su casa. Embargado de conmiseración por Mag, empezó a maquinar formas para poderla aliviar. "¡Dios mío!", se dijo a sí mismo un día, pues se había obsesionado tanto por el bienestar de la joven que se había acostumbrado a murmurar en voz alta. "¡Dios mío! ¡Ojalá se *casase* conmigo!".

"¿Quién?", gritó Pete Greene de repente desde un oscuro rincón de aquel tosco establecimiento.

"¿De dónde sales tú, negro marrullero?", preguntó Jim.

"Venga, cuéntamelo. ¿De quién se trata?", inquirió Pete. "¿Es esa Mag Smith con quien te quieres casar?".

"¡Lárgate, Pete! Y cuando vuelvas a entrar en esta tienda que no se te ocurra decírselo a este negro. No te cueles como si fueras un ladrón".

Entre la conmiseración y el amor no hay mucha diferencia. Una cosa lleva a la otra. Jim reconoció la existencia de lo primero, pero sus esfuerzos por el bien de Mag traslucían también la presencia de otro sentimiento más noble.

Este repentino recurso que había descubierto sin intención le impulsó a pensar y a dar rienda suelta a sus poderes inventivos para estudiar la mejor manera de presentar la cuestión a Mag.

Preparó los barriles, sin parar de darle vueltas a la cabeza y sin que ninguna de las ideas que se le ocurría le acabase de satisfacer o se le antojase de posible realización. Pensó en el contraste tan agradable que existía entre la blancura del rostro de ella y la negrura de su propia piel; y en aquellos suaves y lisos cabellos, que él una vez, conmovido por la lástima que sentía hacia ella, había apenas apartado de la ahora arrugada pero antaño hermosa frente. Su corazón se debatía presa de sentimientos tempestuosos, y al final, para liberar toda aquella pasión aprisionada, exclamó: "¡Dios mío!". Recobró la compostura y miró a su alrededor para comprobar si Pete podía oírle otra vez. Tranquilizado en este particular, continuó: "Para mí sería como un premio, pero sería tan grande como el desprecio que ella se ganaría de los blancos. No me importa lo que haya ocurrido en el pasado. Yo también he hecho cosas de las que me avergüenzo ahora, y a mí ella me basta tal y como es".

Lanzó otra mirada por la tienda para asegurarse de que Peter estaba ausente.

La noche del sábado siguiente Jim se encontraba otra vez en aquella choza. El frío empezaba a llegar con la intención de quedarse el tiempo que le pertenecía. Mag se sentía desesperada por tener que enfrentarse al rigor de aquella estación.

"¿Cómo va la leña, Mag?", preguntó Jim.

"Se ha acabado toda y ya no me queda más para astillar", fue la respuesta.

"¡Qué lástima!", dijo Jim. Lo que de verdad quería decir era que se alegraba mucho.

"¿Tienes algo de comer en casa?", continuó él.

"No", respondió ella.

"¡Qué lástima!", exclamó él otra vez con palabras, cuando por *dentro* decía lo mismo que antes.

"Bueno, Mag", dijo él, tras una breve pausa, "estás en las últimas. Por lo que veo no me queda más remedio que hacerme cargo de ti. ¿Qué te parece si nos casamos?".

Mag levantó los ojos llenos de sorpresa y con una sonora exclamación soltó: "¿Qué?".

Por un instante Jim se sintió desconcertado. Bien sabía cuáles eran sus objeciones.

"Los blancos ya te han hecho pasar las de Caín. Se marcharon y te dejaron, y ninguno de ellos ha vuelto para averiguar si continúas viva o muerta. Yo ya sé que soy negro por fuera, pero por dentro tengo el corazón blanco. ¿Qué prefieres un corazón negro dentro de una piel blanca o un corazón blanco dentro de una negra?".

"¡Dios bendito!", suspiró Mag. "No tengo a nadie en este mundo que cuide de *mí*".

"Me tienes a mí", interrumpió Jim.

"Solo hay dos cosas que pueda hacer", dijo ella, "mendigar para conseguir la subsistencia o hacer que me la proporciones tú".

"Acéptame, Mag. Puedo hacer que tengas una casa mejor que Esta y que no sufras tanto".

La convenció y se casaron. Podéis filosofar, amable lector, sobre la impropiedad de tales uniones y predicar docenas de sermones sobre los males del mestizaje. La necesidad es más poderosa que cualquier filósofo o predicador. Desdichada Mag, ha cercenado otro vínculo más que la unía al prójimo. Ha descendido un escalón más en la escalera de la infamia.

# CAPÍTULO II

## MUERTE DE MI PADRE

¡Tristeza! Nos conocemos
cual hermana y hermano,
habitamos la misma desolada morada
hace años —hemos de vivir todavía
algunas horas o años futuros.

SHELLEY[2]

Jim, orgulloso de su tesoro, una esposa blanca, hizo esfuerzos ímprobos para cumplir con sus promesas, y le proporcionó una vivienda más confortable, y comida y ropa mejores. El invierno que ella pasó tras su boda fue relativamente benigno. Cuando Jim trabajaba, reinaba el bienestar. Diligente y encariñado con Mag, estaba resuelto a que la joven no lamentara su unión con él. Pero el tiempo le impuso una carga añadida en la forma de dos hermosas criaturas, cuyas inocentes travesuras le recompensaban sobradamente por el trabajo adicional que se veía obligado a realizar. Pasaron unos pocos años y una grave pulmonía y un dolor en un costado le obligaron a holgazanear durante muchas semanas, lo que hizo que Mag se acordase del pasado. Ella lo cuidaba, porque era el único medio por el que podía contribuir a su propio bienestar. Lo cuidó con la fidelidad y la solicitud prescritas en los votos matrimoniales que había jurado hasta que la muerte la liberó de ellos. Jim fue víctima de la tisis y quiso a Mag hasta el final. Mientras vivió, aguantó el dolor que sufría y trabajó para mantenerla hasta el momento en que ya no fue capaz de hacerlo.

La expresión de deseo por su mayor bienestar; la esperanza de que llegase a vivir tiempos mejores; la preocupación por si no todos acababan en aquel "bendito lugar"; unos breves consejos en torno a los hijos; la confianza de que Mag estuviese bien atendida y no como antes; la recomendación de tener paciencia cristiana; en esto consistió *toda* la herencia que tuvo la desgraciada Mag. Un

---

[2] Percy B. Shelley, "Misery", *The Poetical Works of Percy Bysshe Shelley* (London: E. Mason, Son, and. Co., 1870, 184).

sentimiento de frío abandono la sobrecogió al alejarse de la tumba de aquel que le había mostrado verdadera fidelidad.

Ahora se hallaba completamente excluida del círculo de los blancos, pues este último paso, su unión con un negro, había sido la gota que había colmado el vaso.

Seth Shipley, socio de Jim en su negocio, quiso que se quedase en la casa que habitaba entonces, pero ella se negó y volvió a su antigua choza, mas ahora con tres veces más obstáculos que antes. Seth se puso a vivir con ella, y le entregaba un dinero a la semana que le llegaba para comprar la mayor parte de la comida necesaria para los cuatro inquilinos. Mas poco tiempo después, el trabajo empezó a escasear y sus medios se vieron gravemente mermados.

Cómo se esforzó y cuánto padeció Mag, y cómo sucumbió a innumerables arrebatos de desesperación, estallidos de cólera e imprecaciones demasiado terribles para ser repetidas aquí. Cuando los dos estaban tenían algún trabajo, y entonces la prosperidad les sonreía, pero si se quedaban desocupados, entonces también pasaban hambre juntos. De esta manera se unieron sus intereses y empezaron a planear un futuro para los dos. Mag vivía como paria desde hacía años y había dejado de reconcomerse por los embates del remordimiento, pues había aplastado la hiriente angustia que le producía la conciencia. Ya no anhelaba tener un corazón más puro y una vida más digna. Como le era más fácil descender cada vez más abajo, se adentró en la negrura de la infamia perpetua, y sin recurrir al rito instituido por la civilización y el cristianismo, hizo que su propia voluntad la convirtiese en esposa de Seth. En poco tiempo se sucedieron escenas ya familiares, pero no por ello menos exasperantes.

"No sirve de nada", dijo Seth un día, "tenemos que darlos a alguien y tratar de buscar trabajo en otra parte".

"Pero ¿quién se va a quedar con estos demonios negros?", gruñó Mag.

"¿Y a mí qué me dices? No son míos. ¿De qué te quejas ahora?", protestó Seth.

"Nadie quiere nada que sea mío o tuyo", respondió ella.

"Ya nos las apañaremos", contestó él. "Mira a Frado, con seis años que tiene y lo guapa que es, y aunque es tuya, hasta los blancos lo dicen. En cualquier parte la apreciarían", continuó apoyando la silla contra la pared y poniendo los pies encima de los travesaños, como si así pudiese decir más cosas que sentado con la silla recta.

Frado, que era como se llamaba uno de los vástagos de Mag, era una chiquilla encantadora de largos y encrespados bucles negros, y de ojos hermosos y vivarachos, que resplandecían dejando traslucir un espíritu exuberante que casi no obedecía a comedimiento alguno.

Al oír su nombre, levantó la mirada del juego en que se encontraba ocupada para ver lo que Seth decía de ella.

"¿Que no la cogerían los Bellmont?", preguntó el hombre.

"¿Los Bellmont?", protestó Mag. "¡Que no sabes que aquella mujer es el demonio en persona! Y si...".

"¿Acaso no es mejor que estén todos los demonios juntos?", la interrumpió Seth, recordándole el epíteto parecido que ella misma había utilizado para referirse a sus propios hijos.

Mag hizo como si lo ignorara y continuó: "Las muchachas no le duran ni una semana, y el señor Bellmont quiere emplear a un muchacho para que trabaje para él, pero no encuentra a nadie que quiera vivir en la casa con esa mujer, porque es tan mala que nadie está dispuesto a hacerlo".

"Sea lo que sea, nosotros nos vamos a ir de aquí muy pronto", afirmó Seth. "Si vienes conmigo, nos iremos enseguida. ¿Prefieres quedarte con tu otro hijo?", le preguntó después de una breve pausa.

"Los dos son igual de malos", contestó Mag. "Frado está por civilizar y hará solo lo que le venga en gana. Si no quiere irse no se irá, y no tengo ningún deseo de decirle que la hemos de dejar con alguien".

"Yo se lo diré", dijo Seth. "Frado, acércate".

Parecía que la niña intuía algún presagio funesto y se negó a hacer lo que le ordenaban.

"Acércate", volvió a repetir el hombre. "Quiero decirte una cosa".

Se aproximó a regañadientes. Seth le cogió la mano y le dijo: "Nos vamos a ir de aquí para siempre, ¿quieres venirte con nosotros?".

"¡No!", gritó ella, y tras propinar a Seth un tirón, que dio al traste con el equilibrio en el que mantenía la silla e hizo que acabase de bruces en el suelo, se escapó corriendo por la puerta abierta.

"Es dura de pelar, pero yo me aventuraría y la pondría a trabajar para los Bellmont", declaró Seth, mientras se limpia el polvo de la manga de la chaqueta apedazada.

Los dos se pusieron a deliberar sobre la viabilidad de una partida inmediata. Primero se marcharía Seth, y cuando hubiese encontrado trabajo volvería a por Mag. Se llevarían lo único que pudiesen acarrear y dejarían el resto de sus posesiones al cuidado de Pete Greene, pero las recogerían en cuanto tuviesen necesidad de ellas. Les costó mucho tiempo ultimar los arreglos del viaje de manera satisfactoria, pero su sobresalto fue enorme cuando al final de la conversación advirtieron la desaparición de Frado. Imaginaron que la cercanía de la noche la devolvería a casa. El atardecer se tornó anochecer, pero la niña siguió sin hacer acto de presencia, por lo que empezaron a pensar que había comprendido los planes que habían trazado y que a lo mejor había decidido huir para siempre. Como no podían retirarse a descansar sin por lo menos tratar de descubrir dónde se había ocultado, Seth salió en su búsqueda, pero regresó con las manos vacías. Entonces decidieron ir a preguntar y averiguaron que otra niñita de color, la compañera de juegos preferida de Frado, también había desaparecido. Todos los esfuerzos fueron infructuosos. Mag tenía la certeza de que sus temores se habían hecho verdad y que nunca más volvería a ver a la pequeña. Antes de que aquella zozobra se convirtiese en una realidad, las dos niñas regresaron a casa sanas y salvas, y tanto ellas como la persona que las acompañaba contaron que habían salido a dar un paseo, pero que, al no importarles la dirección a la que se encaminaban sus pasos, se habían perdido al poco. Habían escalado cercas y muros, atravesado boscajes y ciénagas, y cuando estaba oscureciendo habían elegido unos espesos arbustos como refugio para pasar la noche. Habían sido descubiertas por la persona que ahora las devolvía a casa. En el camino, en un intento por desvanecer los miedos infantiles que atenazaban a su compañera, Frado se había puesto a hablar de sus anhelos, pero como se hallaban a varias millas de casa, aquella persona las había cobijado en su morada hasta la mañana siguiente. Mag se alegró al saber que su hija no había sido empujada a la desesperación por las intenciones que Seth y ella tenían de desembarazarse de la niña, y pensó que lo mejor sería tenerla bajo estrecha vigilancia.

Se dispuso todo lo necesario para el traslado. Los pocos días que se necesitan para iniciar viajes de esta índole pasaron con celeridad, y una soleada mañana de verano se despidieron de aquella choza en el pueblo de Singleton. Cargados de trastos y fardos, se dispusieron a emprender el largo camino. Mientras se aproximaban al pueblo, escucharon el alegre vocerío de los niños reunidos en la escuela, que esperaban la llegada del maestro. "¡Hola!", exclamó uno. "¡Blancos, negros y mulatos!". "¡Blancos, negros y mulatos!", repitió un coro de voces.

Aquellas palabras ya no hirieron a Mag como había ocurrido antaño. Ni tan siquiera se dignó a girar la cabeza para mirar. El corazón se le había convertido en una piedra tan dura que ninguna burla infantil podía ya herirlo. De no haber sido así, al pasar por aquellos parajes conocidos, ella misma se habría recriminado por haber agrandado la separación que una vez pudo haber hecho desaparecer, de haber mostrado una integridad más firme. A dos millas de distancia de allí vivían los Bellmont, en una gran mansión antigua de dos plantas, pintada de color blanco, rodeada de fértiles huertos y embellecida por matorrales y árboles. Años atrás una joven pareja la había consagrado al convertirla en su hogar. Después de que muchos piececitos hubiesen trazado senderos hasta los árboles frutales preferidos, ascendido hasta sus verdes colinas y se hubiesen al final fundido con los hermanos de aquella raza que no pertenece ni a los prestos ni a los fuertes, al señor de aquella mansión se le platearon las sienes y marchó decrépito hacia su último descanso. Su envejecida consorte le siguió muy pronto. La vetusta heredad pasó a manos de un hijo, a cuya esposa Mag había calificado con el epíteto de "demonio", como se recordará. John, el hijo, por lo que respecta a las disposiciones familiares, había seguido el ejemplo del padre. Revivió de nuevo aquellos esparcimientos de su niñez al ser testigo de los juegos de sus propios hijos, pues éstos se reunían empujados por el mismo propósito que había guiado una vez sus tiernos pies; también al observar las diversiones de sus hijas, ocupadas en la imitación de las obligaciones maternas.

En el momento en que los presentamos, sin embargo, John lleva marcadas en su persona las señales de la edad. Muchos de sus hijos están ausentes de casa. Algunos se hallan buscando empleo, otros se encuentran ya instalados en hogares que llaman propios. Una hermana soltera comparte techo con él en la heredad en la que reside, ocupando una parte de la mansión.

A escasa distancia de la casa, Seth se detuvo a descansar con los fardos y con el pequeño que había llevado de la mano, mientras Mag continuó caminando hacia aquella morada con Frado. Llamó a la puerta y la señora Bellmont apareció enseguida. Mag le preguntó si estaría dispuesta a permitir que la niña se quedase allí mientras ella se dirigía a la casa de los Reed para realizar la colada, y le dijo cuando volviese pasaría a recogerla. La petición era imprevista, pero la señora consintió. No acertamos a explicar la razón por la que la criatura entró tan impetuosamente en aquella casa. Se cerró la puerta y Mag se marchó a toda prisa. Frado esperó el anochecer que debía hacer volver a su madre. Pero ¡ay!, jamás regresó y fue la última vez en su vida que vio u oyó hablar de aquella madre.

## CAPÍTULO III

## MI NUEVO HOGAR

¡Oh! Si advirtiésemos que las sombras se hallan tan cerca,
    el mundo nos sería una cárcel de tristeza;
toda la luz se extinguiría en la mirada elocuente de la juventud,
    y el infante en sus ceceantes oraciones imploraría la tumba.

La esperanza no es una estrella que nos haga perdernos,
    y "engañe el corazón", como predican los mayores;
pues fue la misericordia quien nos la concedió para indicarnos el camino,
    aunque su luz ilumine allá donde jamás hemos de llegar.

ELIZA COOK [3]

Cuando finalizó el día, sin aparecer Mag, la familia empezó a sospechar su intención de no regresar. El señor Bellmont era un hombre amable y humanitario, que no rehusaba hospitalidad ni al vagabundo más mísero, ni tampoco dejaba de mostrarse compasivo con ningún desdichado, por humilde que fuese. El abandono de aquella niña por su madre apeló a su conmiseración y se sintió deseoso de socorrerla. Mas llevar a cabo su propósito cuando los deseos de la señora Bellmont eran contrarios, resultaba como enfrentarse a una marabunta. Aquella dama no era tan dada a experimentar las mismas elevadas emociones que su esposo. La opinión que merecía a Mag tenía su fundamento, pues era porfiada, orgullosa, indisciplinada, caprichosa e implacable. Como diríamos en lenguaje corriente, era un *mal bicho*. El señor Bellmont permaneció en silencio durante la conversación que siguió entre la madre, Mary y John, o Jack, como se le conocía en familia.

"Enviadla al hospicio del condado", sugirió Mary, en respuesta a la pregunta de qué se iba a hacer con la pequeña, y en un tono que indicaba el engreimiento de quien hablaba, pues en realidad Mary era la niña de los ojos de su madre y la que más se le parecía en disposición y porte.

---

[3] Eliza Cook, "The Future", *The Poetical Works of Eliza Cook* (New York: T. Y. Crowell and Co., 1882, 167).

Jane, la hija inválida y la mayor de los que todavía residían en el hogar, descansaba reclinada en el sofá con semblante desinteresado.

"Que se quede", propuso Jack. "Es muy hermosa y parece despierta, y tampoco es muy negra".

"Sí", replicó Mary. "Como siempre tú a la tuya, Jack. No nos hará ningún papel hasta pasados al menos tres años y se convertirá en un estorbo".

"¡Bah, señorita Mary! ¡Si se queda, no pasarán ni dos días antes de que te pongas a dártelas delante de tus amigas de que *nuestra* negra esto y *nuestra* negra lo otro!", le replicó Jack.

"No quiero a ninguna negra remoloneando a *mi* lado, ¿y tú, madre?", preguntó Mary.

"No me importa que la niña sea negra. Ya me gustaría tener una docena como ella", contestó la madre. "Si en unos pocos años la lograse acostumbrar a hacer la faena como a mí me gusta, acabaría quedándomela. Las muchachas que empleo siempre me dan tantos quebraderos de cabeza que estoy convencida de que si enseñase a una desde pequeña a trabajar como yo deseo acabaría quedándomela. Estoy harta de tener que cambiar de servicio casi todos los meses".

"¿Dónde la alojarías?", preguntó Mary. "Porque yo no quiero ni olerla".

"En el cuarto que hay en el desván", contestó la madre.

"¿Y cómo subirá hasta allí?", preguntó Jack. "Le dará miedo atravesar ese pasillo tan oscuro y, además, la escalera no es muy segura de subir".

"No le quedará más remedio. A una negra aquello le sobra", fue la respuesta.

Enviaron a Jack a caballo hasta la choza de Mag para asegurarse de que no estuviese en casa. Regresó con el testimonio de Pete Greene de que hacía tiempo que habían partido y de que la niña había sido intencionadamente abandonada en aquella familia.

La imposición no fue del gusto de la señora Bellmont, ni del de la vivaz y vanidosa Mary, que acababa de entrar en la adolescencia.

"Coge a la niña y llévala a su cuarto a dormir, Jack", ordenó la madre. "Como pareces estar tan satisfecho con la negrita, vas a ser tú quién le enseñe dónde tiene la alcoba".

Jack se dirigió a la cocina, y cogiendo a Frado gentilmente de la mano, le dijo que la conduciría hasta su cuarto, y que a lo mejor su madre venía a por ella al día siguiente.

Todavía no había anochecido, por lo que subieron las escaleras sin la ayuda de ninguna luz, atravesando antes unas habitaciones ricamente amuebladas, que fueron objeto de la admiración de la pequeña. Jack abrió una puerta que llevaba al aposento que se le había destinado y que se encontraba al final de un tenebroso corredor a medio construir. "Cuidado no te des con la cabeza", avisó Jack, adelantándose para abrir la puerta que conducía a la habitación, un cuartucho también a medio acabar situado encima de la cocina y con el techo tan inclinado hacia el suelo que la cama solo tenía espacio para estar en el medio. Un ventanuco dejaba entrar el escaso aire que ventilaba y la luz que iluminaba aquel cuchitril. Jack volvió al salón con el comentario de que en muy poco tiempo aquel lugar se le quedaría pequeño a la niña.

"Cuando se *le* quede pequeño el cuarto será porque la casa se le ha quedado pequeña", replicó la madre.

"¿En qué te va a ayudar?", inquirió Mary. "Ha llegado en el momento más oportuno, ¿verdad? Justo un día después de que se haya marchado Bridget", añadió.

"Ya veré mañana de lo que se puede ocupar", fue la respuesta.

Mientras tenía lugar esta conversación en la planta de abajo, Frado se encontraba atareada dándole vueltas en la cabeza a si se quedaba o no hasta que regresase su madre. Tenía un carácter obstinado y era impulsiva por naturaleza; además, no sabía lo que era el miedo y no habría dudado en marcharse si así lo hubiese decidido. Recordó la conversación que su madre había tenido con Seth, aquellas palabras de "darlos a alguien" referidas a ella, que, si bien no acababa de entender por completo, pensaba que, al quedarse, estaría relacionada con aquellas personas blancas entre las que nunca antes había encontrado una acogida cordial. De esta suerte, resolvió aguardar con la esperanza de que su madre viniese a recogerla. El calor del sol había penetrado en aquella cueva, y pasó tiempo hasta que el fresco de la brisa nocturna redujese la temperatura y Frado lograse conciliar el sueño.

Su nueva ama la despertó temprano a la mañana siguiente. Su primera tarea fue echar de comer a las gallinas. Le enseñaron que se debía hacer así *siempre* y no de otra manera, y se le avisó que cualquier modificación de las reglas iría acompañada de una buena tanda de azotes. Luego Jack la acompañó a sacar las vacas a pastar, para que también aprendiese. Al regresar se le permitió tomar un ligero refrigerio consistente en un tazón de leche, a la que se le había quitado la nata, con unos cuantos mendrugos de pan de centeno, pero se le ordenó que comiese de pie en la mesa de la cocina, y que no se demorase más de diez minutos. Mientras tanto la familia daba cuenta del desayuno en el comedor, y cuando hubieron acabado, Frado tuvo que subirse encima de un taburete a lavar los platos. Su obligación era estar siempre pendiente de que no faltase leña y mostrarse solícita con lo que se le mandase.

Tras la comida la cantidad de platos que se acumuló sobrepasaba la capacidad de aquellas diminutas manos. Y lo mismo sucedió tras el té. Después de sacar las vacas a pacer finalizaron las tareas del primer día de trabajo de Frado, para quien todo aquello representaba una nueva disciplina. Descubrió que aquel lugar escondía algunos atractivos, por lo que cuando se retiró a dormir por la noche se sentía más deseosa de permanecer allí. Al día siguiente se sometió la misma rutina, solo que ahora presentaba una ligera variación: además de un poco más de trabajo, sus labores se veían sazonadas por palabras "hirientes" y frecuentes golpes en la cabeza. Esto la mortificaba sobremanera, y si hubiese sabido dónde se hallaba su madre se habría marchado de inmediato en su busca. Pero con el paso de los días empezó a sentirse cada vez más fatigada y a romper a llorar desconsolada por el funesto destino que le había tocado en suerte. Como al principio sus lloros eran muy escandalosos, la señora Bellmont los aplacó recurriendo al látigo que siempre guardaba a mano en la cocina. Eran síntomas de descontento y queja, que debían "cortarse por lo sano", como ella decía.

Transcurrió un año sin que llegase ninguna noticia de Mag. Ahora no quedaba duda alguna de que Frado tendría que convertirse en un miembro más de aquella familia. Le multiplicaron las labores, pues a pesar de que solo contaba siete años de edad, su presencia se había hecho indispensable. Por otra parte, nunca había aprendido a leer, ni nunca había oído hablar de la escuela hasta que empezó a residir entre aquellas personas.

La señora Bellmont no albergaba duda alguna sobre la inutilidad de los intentos por educar a la gente de color, seres incapaces de sacar provecho de cualquier tipo de instrucción. El tema fue causa de una larga discusión familiar. El señor Bellmont, Jane y Jack veían con buenos ojos que Frado recibiese una educación, mientras que Mary y su madre se mostraban contrarias. Al final el señor Bellmont hizo una declaración tajante: la niña *iría* a la escuela. Rara vez este hombre se decantaba a favor o en contra de lo que se debatía en su casa, por lo que una vez pronunciadas sus palabras no admitieron apelación alguna —ni tan siquiera cuando

Mary objetó que no quería que asistiese a su mismo colegio— y se convirtieron en ley para todos.

La escuela era una novedad para Frado, y Jack no tuvo más remedio que responder a la infinidad de preguntas y dudas que esta le formuló. Como él iba demasiado adelantado, no necesitaba asistir en verano al colegio, lo que Frado lamentó sobremanera, pues las numerosas oportunidades que había tenido de ser testigo del carácter de la señorita Mary la inducían a temer por su seguridad si se encontraba sola en su compañía.

Llegó el primer día de escuela y Frado se dispuso a marchar muy por detrás de Mary, pues Esta se avergonzaba de que la viesen "caminar con una negra". En cuanto la vieron aparecer, mal vestida y con los pies descalzos, los escolares se arremolinaron y empezaron a dar voces anunciando su llegada: "¡Mira a esa negra!", exclamó uno. "¡Mira! ¡Mira!", gritó otro. "Yo no pienso jugar con ella", anunció una niñita. "Y yo tampoco", replicó otra.

Estos humillantes insultos fueron del especial agrado de Mary, quien vio el cielo abierto para poner a Negra en el sitio que, según ella pensaba, le correspondía. La desdichada Frado, afligida y ultrajada, cayó en la cuenta de que sus ilusiones de encontrar deleite en aquel lugar no se iban a ver cumplidas. Estaba ya decidida a regresar a casa y no volver nunca por allí cuando hizo acto de presencia la maestra. Esta la cogió por la mano y la condujo dentro del aula. Todos la siguieron, y después de que finalizase el bullicio que armaron intentando sentarse, la señorita Marsh preguntó, señalando a Frado, si los niños conocían "la causa de la tristeza de aquella niña". Pronto lo contaron todo. A la sazón ella les recordó sus obligaciones con los pobres y desamparados, les recriminó por la cobardía que habían mostrado al atacar a una inocente, y les aludió a Aquel que no se fija en las apariencias externas, sino en las del corazón. "Da la impresión de ser una niña muy buena, y creo que yo le voy a coger mucho afecto. Así que apartad vuestros prejuicios, y veamos quién es el que se porta con más generosidad y benevolencia con alguien que parece tan diferente de vosotros", fueron las últimas palabras de esta caritativa dama. ¡Qué palabras más compasivas! Fueron realmente el sonido más placentero que había nunca oído aquella desgraciada y desventurada niña.

El ejemplo hizo que aquellas palabras surtieran efecto. Con el paso de los días se puso de manifiesto un gran cambio de comportamiento hacia "Negra". Sus parlamentos con frecuencia divertían a los niños y nadie como Frado alegraba más sus pasatiempos preferidos. A Mary le resultaba insoportable ver cómo todos le hacían caso, pero no se le ocurría nada para evitarlo, pues no tenía la influencia que habría deseado sobre sus compañeros. No poseía don de gentes y no se había ganado su estima, como tampoco había sabido ceder en alguna de las peleas en las que normalmente se enzarzaban. Al contrario, siempre se mostraba terca y dominante, e incluso había recibido el apelativo de "fiera" por parte de alguno de sus condiscípulos. Esta fue la razón por la que se valió del único recurso que le quedaba: los insultos y las burlas, que le dedicaba de regreso de la escuela. Sin embargo, esto no le acababa de satisfacer y decidió echar mano de la fuerza física para "someterla", para "tenerla sometida".

De camino a casa pasaban cerca de un campo por el que cruzaba un riachuelo, y para atravesarlo había un tablón puesto en un tramo. A Mary se le ocurrió que una forma de escarmentar a Negra sería obligarla a cruzarlo, y para ello la arrastró hasta la orilla y le ordenó con voz perentoria que caminase hasta el otro extremo. Negra vaciló, pues se resistía a obedecer su mandato. Mary se colocó detrás de ella, y en el forcejeo para empujarla hacia delante perdió el equilibrio y cayó de cabeza al río. Algunos escolares de más edad que habían presenciado la acción se precipitaron hacia el lugar e impidieron que Mary acabase ahogada y Frado cayese a la corriente. Negra se encaminó a casa lo más rápidamente posible, mientras que Mary, chorreando agua, se dirigió a la vivienda más cercana para procurar cambiarse de ropa. Regresó a casa toda remolona y llorosa, y gimoteando: "¡Negra me ha dado un empujón y me ha tirado al arroyo!". A la sazón pasó a relatar los detalles, y cuando hubo finalizado, llamaron a Negra, que estaba en la cocina. Mary echaba chispas por los ojos. El señor Bellmont, sin embargo, estaba sentado leyendo el periódico tranquilamente, pues había presenciado demasiados arrebatos de la señorita Mary como para sentirse sobresaltado. Fue la señora Bellmont quien interrogó a Negra.

"¡Yo no la he empujado! ¡Yo no la he empujado!", contestó ella con gran vehemencia, tras lo cual se dispuso a relatar lo que en verdad había sucedido.

La discrepancia entre las dos versiones enfureció a la señora Bellmont, quien se acercó a la niña entre fuertes acusaciones y gesto de enojo, y dirigiéndose a su esposo, preguntó: "¿Te vas a quedar ahí sentado escuchando tan tranquilo cómo esta negra endemoniada llama a Mary mentirosa?".

"¿Cómo sabemos que no está diciendo la verdad? No tengo ninguna intención de castigarla", respondió. A continuación, abandonó la casa, como solía hacer siempre que la tormenta amenazaba con tragárselo también a él. Tan pronto como hubo desaparecido la señora Bellmont y Mary se pusieron a darle una paliza inhumana a Frado, tras la cual le obligaron a abrir la boca, le colocaron un trozo de madera entre los dientes y la amordazaron, y luego la encerraron en un cuarto oscuro sin cenar. Para matar el tiempo mientras arreciaba la tormenta dentro de la casa, el señor Bellmont fue a sacar las vacas, una tarea asignada a Frado, lo que inintencionadamente prolongó el padecimiento de la niña. Cuando se hizo de noche llegó Jack, y al ver a Mary se acercó a ella y le dijo: "Creías que podrías desfogarte de la rabia que tienes con Negra, ¿verdad? ¿Por qué no la dejas estar? Te tienes muy bien merecido el remojón que te has dado. La lástima es que te lo hayas dado a medias".

"¡Ya basta!", gritó su madre. "Que no se te ocurra volver a hablar así a tu hermana en mi presencia. Ya te gustaría a ti ver cómo esa negra pisotea a Mary, ¿verdad? Llegó a casa mintiendo y haciendo que la historia de Mary pareciese una patraña".

"¿Cuál es la historia de Mary?", preguntó Jack.

Se la relataron.

"Mira por dónde", declaró Jack, dejándose caer en una silla, "que da la casualidad de que los niños de la escuela fueron testigos de todo lo que ocurrió, y cuentan la misma historia con la que ha venido Frado. ¿Qué será más verdad, lo que una docena de niños dice que vio o todo lo contrario?".

"¡Qué vergüenza que creas lo que otros dicen antes de lo que dice tu propia hermana!", replicó su madre con los ojos encendidos de rabia. "Creo que ya es hora de que tu padre te dé una lección".

"Mi padre es una persona de una gran sensatez", argumentó Jack. "No le haría daño ni a un perro. A propósito, ¿dónde está Frado?".

"Nuestra madre le ha dado una buena zurra y la ha encerrado", contestó Mary.

En aquel preciso instante entró el señor Bellmont y preguntó si Frado continuaba "todavía confinada en el cuarto oscuro".

El convencimiento de su inocencia y la perfidia de su hermana alteraron en gran manera a Jack. Saltó de la silla y empezó a registrar todas las habitaciones hasta que encontró a la niña con la boca desencajada, el rostro hinchado y transida de dolor.

¡Qué conmiseración tan profunda sintió Jack por ella! Le quitó la mordaza de la boca, le trajo algo de cenar, la llevó a su cuarto, la consoló todo lo que pudo, se sentó a su lado hasta que se durmió y entonces bajó al salón. Cuando vio a su madre le dijo que si ése era el trato que iba a recibir Frado, él esperaba que nunca más volviese a despertarse. A la sazón dio noticia de la situación en la que se hallaba la niña a su padre, quien, si bien a primera vista se mostró impertérrito, cuando dirigió la mirada a Jack dejó ver unos ojos vidriosos. El joven fue a verla temprano a la mañana siguiente. Frado se despertó compungida, pero reavivada. Después de desayunar, se la llevó al campo y la tuvo con él todo el día. Pero no siempre podía ser así. Ella debía volver a la escuela y a sus quehaceres domésticos. Jack resolvió hacer todo lo que estuviese a su alcance para protegerla de Mary y de su madre. Le compró un perro, que se convirtió en el juguete de los dos. Jane, la inválida, de buena gana se hubiera hecho amiga de ella, mas carecía del brío para desafiar la férrea voluntad de su madre, y las únicas expresiones de conmiseración que podía darse el gusto de dirigirle eran algunas palabras de amabilidad y miradas de afecto.

Los trabajadores de la granja siempre se alegraban cuando oían parlotear a Frado, pues se había convertido en su compañía predilecta, y a la señora Bellmont no le quedó más remedio que concederles el privilegio de dejarles la cocina para charlar con ella. Tenía la certeza de que gozaría de amplias oportunidades para sojuzgar a la niña en cuanto se marchasen los jornaleros. Tres meses de escuela, verano e invierno, disfrutó Frado durante tres años seguidos. La ropa con la que iba vestida, un gabán, que en realidad era un abrigo viejo de Jack, y una papalina, era motivo de gran alborozo entre los escolares. Pero como las réplicas con que Negra se defendía les provocaban tanta hilaridad y sabían que la elección de aquel vestuario era obra de la "vieja Bellmont", Negra no se sentía hostigada, ni Mary contenta. La alegría de aquella niña no se apagaba ni con los azotes ni con las riñas. En presencia de la señora Bellmont se mostraba recatada, pero en la cocina, entre sus condiscípulos, estallaban los ánimos contenidos. En la escuela, cuando el maestro no la veía, siempre tramaba alguna travesura, y solía suceder que, si los niños rompían en carcajadas, de las que ella era la causa, la culpa recaía sobre algún inocente, que era inmerecidamente castigado en su lugar. Se sentían tan fascinados por sus payasadas que cualquiera estaba dispuesto a pagar el pato con tal que Frado continuase divirtiéndoles. Y el encontrarse protegida y favorecida de tal suerte la inducía a arriesgarse más allá de los límites de la corrección.

La mesa del maestro estaba llena de cajones en los que guardaba los libros y un sinfín de artículos propios de su profesión. Una mañana los niños observaron que

Negra se hallaba muy ocupada antes de que dieran comienzo las clases, mientras ellos entraban y salían del recreo al aula. Cuando el preceptor llegó, los llamó al orden, y al abrir uno de los cajones para sacar el libro que la ocasión requería, se encontró que lo que salía de allí era una buena humareda. "¡Fuego! ¡Fuego!", gritó con todas sus fuerzas alarmado. Pero tras breves instantes reconoció la verdadera naturaleza de aquel peculiar olor y cayó en la cuenta de que todo había sido una jugarreta. Los escolares estallaron en carcajadas al contemplar el terror que había invadido al incauto, quien, avergonzado del innecesario susto que se había llevado, no se afanó en investigar más, con lo cual Negra volvió a eludir el escarmiento. Se las había apañado para conseguir algunos puros, y tras encenderlos, había empezado a lanzar bocanadas y más bocanadas de humo por las ranuras del cajón hasta llenarlo, y luego lo había apretado bien contra el fondo para burlar al maestro y hacer las delicias de los alumnos. Durante el tiempo que no asistía a la escuela se encontraba ocupada en un sinnúmero de nuevas y singulares obligaciones. Por mucho calor que hiciese, se le mandaba a recoger forraje con el rastrillo o a vigilar el ganado que pacía, pero nunca se le permitía protegerse de los rayos solares. A la sazón no tenía la tez mucho más oscura que Mary y habría sido una calamidad que alguien hubiese sacado a colación tan nimio contraste. La señora Bellmont estaba resuelta a que el sol gozase de plenitud de poderes para oscurecer aquel color con que la naturaleza, por considerarlo el más digno, había dotado a Frado.

## CAPÍTULO IV

### UN AMIGO PARA NEGRA

¡Horas de mi juventud! Cuando del corazón surge
amar al extraño la amistad me bendice.
La amistad, aquel estimado vínculo de la juventud,
cuando el inocente corazón palpita con la verdad,
ignorante del saber mundano, sin saber fingir;
cuando los sentimientos nuestras almas francas desvelan,
amor al amigo, odio abierto al enemigo.
Los labios de la juventud no repiten historias embellecidas,
ni saberes adquiridos con engaños.

BYRON[4]

Con qué disparidad de sentimientos han aguardado la llegada del presente los habitantes de la tierra. Alguno de los muchos que sufren, presa de la impaciencia, ha contado las oscilaciones del péndulo por contemplar su amanecer, pero ahora que ha llegado se siente deseoso de que toque a su fin. El hedonista, consciente de las carencias del ayer, querría poder detener la premura que embarga al tiempo, para de esta suerte gozar de unas pocas horas más de placer. Los desdichados siguen escrutando el cielo en balde, buscando aquellas nubes ribeteadas de oro que creían que aparecerían en el horizonte. El generoso tiene la corazonada de que no se ha afanado lo suficiente por el Maestro y se resigna a que pase otro día con igual celeridad. La niñez inocente, cansada de la moderación en que se ven envueltos sus años, se delira por la llegada de otro día. La madurez, ocupada en un sinfín de tareas, grita: ¡Detente!, ¡Detente!, y lo persigue hasta el clarear de un naciente día. Nadie se siente satisfecho. Todos anhelan algo que todavía no poseen y que esperan que el tiempo les traiga con cada nuevo día.

¿Acaso es entonces extraño que tres años se le antojen a una niña desconsolada una eternidad? Los días de escuela permitían a Frado descansar de la tiranía que

---

[4] Lord Byron, "Childish Recollections", *Hours of Idleness: A Series of Poems, Original and Translated, The Works of Lord Byron: Embracing His Suppressed Poems, A Sketch of His Life* (Boston: Phillips, Sampson, and Company, 1852, 442).

sobre ella ejercía la señora Bellmont. Contaba ahora nueve años, momento en el que, según su ama, privilegios como el de la educación debían desaparecer.

A la sazón sabía leer y escribir, y conocía los rudimentos de la gramática, aritmética y literatura. Una vez completada su educación, como decía la señora Bellmont, ella pensaba que el tiempo y la persona de aquella niña le pertenecían en cuerpo y alma, por lo que Frado estaba siempre a su entera disposición en todos los sentidos de la palabra. ¡Qué oportunidad tan extraordinaria para dar rienda suelta a sus instintos de arpía! Fuese lo que fuese lo que la encrespase o viniese de donde viniese la provocación, tanto real como imaginaria, unos cuantos golpes descargados sobre Negra parecían aliviarla de buena parte de la desazón que sentía.

Había días en que el único confidente de Frado era Fido, y a él le contaba sus penas como si fuese un ser humano, pues el animal se erguía tan quieto y parecía escucharla con tanta solicitud, que ella se imaginaba que comprendía todos sus pesares. Los escasos ratos libres que le quedaban los dedicaba a enseñarle algún acto de destreza canina, por lo que Jack acabó declarando que era una criatura muy inteligente y alegrándose de que Frado estuviese acompañada por aquel regalo que tan prontamente había cumplido el propósito con el que él se lo había dado.

Frado iba a todas partes seguida del fiel Fido: tanto cuando la enviaban a hacer algún recado como cuando sacaba a las vacas a pacer al campo o las llevaba de paseo hasta el pueblo. Solo en compañía suya llegaba a olvidarse de sus penurias.

Faltaban muy pocos días para que la primavera tocase a su fin y la familia aguardaba la visita de James, uno de sus hijos ausentes, que todavía no había visto la última adquisición de la casa. Jack le había escrito describiéndole exactamente los muchos méritos de su *protegida* de color, y explicándole claramente que su madre no siempre la trataba de manera justa. Muchos fueron los preparativos que se realizaron para que la estancia de aquel hijo fuese de su gusto, y cuando se fue aproximando el día de la llegada se hicieron grandes esfuerzos para cocinar sus viandas preferidas y disponer la mesa con el mejor menú.

La mañana de su llegada fue muy ajetreada. Frado no sabía a qué personaje tan importante se esperaba y no paró de ir arriba y abajo. La señora Bellmont parecía una pizca fatigada, pues el crujido metódico que los zapatos dejaban escapar a primera hora del día pasó a convertirse en un chasquido irregular y quisquilloso al término de la jornada.

"Trae unos cuantos trozos pequeños de leña para encender el fuego", le ordenó con voz estridente la señora Belmont. Frado obedeció y trajo los más pequeños que encontró.

A la sazón el ama se le acercó, y al tiempo que le propinaba un sonoro guantazo le volvió a repetir el encargo.

Si los primeros trozos que la niña había traído eran los más pequeños que había, los segundos, por necesidad, debían de ser un poco más grandes. Bien sabía ella que lo eran cuando los tiró dentro del cajón de la leña, que estaba al lado de la chimenea. A la señora Bellmont, sin embargo, aquello se le antojó una terrible ofensa, pues le parecieron incluso más enormes que los primeros, razón por la que ahora se vio forzada a "enseñarle" la diferencia con el látigo, para luego mandarla por tercera vez a por unos "trozos pequeños de leña".

Negra estalló en amargos lloros pues no sabía qué hacer. Le había traído los trozos más pequeños, y como ninguno de los que quedaba satisfaría al ama y lo más seguro es que le aguardase otro castigo, decidió recoger los primeros que iban apareciendo y tirarlos todos a la chimenea. Tal y como imaginaba, la señora Bellmont se le acercó enfurecida y comenzó a descargarle tamaña tunda de patadas que la derribó al suelo. A duras penas estaba Frado levantándose, cuando otra patada malogró el intento, y entonces siguió una lluvia rápida de hirientes puntapiés que la acorraló hasta que fue capaz de alcanzar la puerta. El señor Bellmont y la tía Abby, al oír el estruendo, entraron corriendo justo a tiempo de ver la última parte de la escena. Negra se puso de pie de un salto y salió de la casa como alma que lleva el diablo, sin dejar rastro.

La tía Abby regresó a su cuarto seguida de John, que iba rezongando para sí.

"¿Qué ibas refunfuñando?", preguntó la dama.

"He dicho que espero que esa niña no vuelva a aparecer por esta casa".

"¿Y qué sería de ella entonces? No es posible que hables *en serio*".

"Lo digo en serio. Esa criatura trabaja tanto como una mujer y mira cómo la tratan. ¡A patadas!".

"¿Por qué lo toleras, John?", inquirió su hermana.

"¿Qué puedo hacer para evitarlo? Son las mujeres las que gobiernan sobre la tierra y sobre todo lo que anda en ella".

"A mí me gustaría mandar en mi casa, John".

"Y mientras tanto vivir un infierno", añadió el señor Bellmont.

A la sazón John salió dando un paseo hasta el granero a esperar que amainase la tormenta.

La tía Abby vio de refilón a Negra al salir del patio, pero decirle o darle a entender que *ella* la protegería, en presencia de la señora Bellmont, solo haría que la rabia contenida del ama cayese todavía más sobre su indefensa cabeza. La cuñada le tenía mucha inquina. Uno de los motivos de aquella desavenencia era que la tía Abby ni había renunciado a sus derechos sobre las propiedades de la familia a favor de John, ni había abandonado la casa para siempre. Otra de las causas era que esta dama era maestra de religión, igual que la señora Bellmont, pero Nab, como ella la llamaba, no vivía de acuerdo con los principios de esa profesión. Otra razón era que en ocasiones le *daba* a Negra algún que otro trozo de pastel o budín, cosa que el ama nunca le permitía. Mary había con frecuencia dado cuenta y comentado estas incongruencias.

Transcurrió la hora de comer y Frado seguía sin aparecer, pero la señora Bellmont no movió un dedo para preguntar por ella o descubrir dónde se había metido. La tía Abby se puso a buscarla durante un largo rato y al final la encontró escondida en un cobertizo. "Entra en la casa conmigo", le imploró.

"No pienso volver a entrar ahí dentro jamás", contestó la niña entre sollozos.

"¿Y qué vas a hacer?", preguntó la tía Abby.

"Me voy a quedar aquí afuera hasta morir. No tengo ni madre ni un hogar. ¡Ojalá estuviese muerta!".

"Desdichada criatura", murmuró la dama, y tras procurarle con mucha precaución algo de comer, la dejó sola con su pesar.

Jane fue a hablar con su tía sobre lo ocurrido y se enteró de dónde se escondía Frado. De buena gana la habría ocultado ella en su propio cuarto y habría atendido sus necesidades, sin embargo, su dependencia de Mary y de su madre, y el saber que cualquier atención concedida a Negra era causa del enojo de las dos la obligaban a refrenar sus deseos.

Hacia la noche llegó el carruaje de James. Después de que todos se saludasen, se preguntaran por los miembros ausentes de la familia, fuesen a ver a la tía Abby a su alcoba y destapase Jane algunas cajas de melindres, se hizo la hora del té.

"¿Dónde está Frado?", preguntó el señor Bellmont al observar que no ocupaba su lugar de costumbre, detrás de la silla del ama.

"Ni lo sé ni me importa. Si vuelve a aparecer, la desollaré viva", replicó su esposa.

James, un joven apuesto, de porte agradable y talante tranquilo, serio, aunque no estirado, levantó la vista, confundido. El carácter de su madre no le era desconocido, pero años de ausencia habían borrado la memoria de sucesos antaño familiares, por lo que preguntó: "¿Es acaso con esa hermosa Negra sobre la que Jack me escribe tanto con quien te muestras tan intransigente, madre?".

"Si aparece, no voy a dejarle ninguna hermosura en esa cara. A propósito, John", dijo la señora Bellmont girándose hacia su esposo, "no hace falta que te molestes pensando cómo le vas a enseñar a no tratarme como lo ha hecho hoy. Es una desvergonzada y voy a ser yo quien le enseñe a saber cuál es su sitio".

El señor Bellmont levantó los ojos y clavándole la mirada dijo con voz firme: "Ni se te ocurra pegarle, ni echarle agua hirviendo, ni desollarla, como dices que harás si vuelve. ¡Recuérdalo bien!". Tras estas palabras dejó caer la mano con un golpe seco en la mesa. "Hace una hora que la estoy buscando y no aparece por ningún sitio de la casa. ¿Acaso sabes *tú* dónde se ha metido? ¿Es que la *tienes* prisionera?".

"¡No! Acabo de decirte que no tengo ni idea de dónde pueda estar. Estoy segura de que Nab la ha ocultado en alguna parte. ¡Dios mío! No me puedo creer que hayamos llegado a este extremo, que mi propio marido me trate de esta forma". Entonces rompió en un mar de lágrimas, en las que nadie sino Mary pareció reparar. Jane subió hasta el cuarto de la tía Abby, y el señor Bellmont y James abandonaron la casa, mientras Mary se quedaba a consolar a su madre.

"¿Sabes dónde está Frado?", preguntó Jane a su tía.

"No", respondió Esta. "Lo he registrado todo de arriba abajo. Se ha marchado del primer escondrijo. No sé lo que habrá sido de ella. Por ahí vienen Jack y Fido. A lo mejor él sabe algo", dijo acercándose a la ventana desde la que se veía cómo James y su padre conversaban.

Tras intercambiarse los dos hermanos un afectuoso saludo, el señor Bellmont dijo a Jack que entrase a cenar, porque luego quería enviarlo a buscar a Frado. Jack entró de inmediato. Acostumbrado como estaba a todas las fases de los temporales domésticos, desde los gimoteos pasando por los rayos y truenos, percibió de una sola mirada los signos de la turbulencia. Había estado ausente todo el día, que había pasado en compañía de los jornaleros.

"¿A qué viene tanto ajetreo?", preguntó tras irrumpir en la alcoba de la tía Abby.

"Cena y baja al salón, Jack", dijo Jane.

Atravesó el comedor y salió afuera, donde se encontraba su padre.

"¿Qué sucede?", preguntó a su progenitor.

"Primero cena y luego mira si puedes encontrar a Frado. No se la ha visto desde esta mañana, porque la echaron de casa a patadas".

"No cenaré hasta que la encuentre", anunció Jack indignado. "Acompáñame, James, y conocerás a la criatura que nuestra madre trata así".

Se pusieron en marcha y durante todo el camino no dejaron de dar voces, buscando por todas partes y preguntando a todo aquel con quien se encontraban. Pero Frado siguió sin aparecer y decidieron regresar a casa para consultar qué hacer. James y Jack declararon que no se irían a dormir hasta que diesen con ella.

La señora Bellmont intentó disuadirlos para que abandonasen la búsqueda. "¡Qué vergüenza que os molestéis tanto por una simple *negrita*!".

A la sazón llegó Fido corriendo y Jack exclamó: "Creo que Fido sabe dónde está".

"Sí, yo también lo creo", manifestó el padre, "pero hemos de ser cautos con el animal e intentar engañarlo, porque no hará lo que el ama le ha prohibido".

"Sé cómo tratarle", dijo Jack. Y cogiendo un plato de la mesa, que todavía estaba esperando comensal, llamó al perro: "¡Fido! ¡Fido! Frado quiere que le llevemos algo de comer. ¡Venga, vamos!". Jack se puso en camino y el perro le siguió, si bien pronto tomó la delantera y, poniéndose a brincar, corrió hacia algunos campos muy alejados, atravesó cercados y al final se adentró en unos terrenos cenagosos. Jack le seguía de cerca, pero el animal no tardó mucho en aparecer delante de James, que se había quedado bastante rezagado, con Frado, a quien mientras le saltaba alrededor obligaba a acompañarle.

Aquella niña delicada, expulsada del único amparo que poseía por culpa de la señora Bellmont, fue objeto del interés de James. Tras convencerla de que regresase a casa con ellos y una vez de vuelta, hicieron que entrase en calor al lado del fuego de la chimenea, le dieron de cenar bien y la trasladaron al salón con ellos.

"¡Quitad a esa negra de mi vista!", ordenó la señora Bellmont antes de que se acabasen de sentar.

James la condujo hasta los aposentos de la tía Abby, donde sabía que serían bien recibidos. Allí empezaron a charlar hasta que Frado se mostró más animosa, y entonces James la llevó a su cuarto y esperó hasta que concilió el sueño.

"¿Te alegras de que yo haya vuelto a casa?", le preguntó James.

"Sí, si mañana no hacéis que me azoten".

"Nadie te va a azotar. Has de tratar de comportarte bien", le aconsejó James.

"Si me porto bien, me pegan", dijo ella estallando en sollozos. "No se creen lo que les digo. Ojalá volviese mi madre, porque entonces ni me darían patadas ni azotes. ¿Quién me hizo tal y como soy?".

"Dios", respondió James.

"¿Os hizo Dios a vos?".

"Sí".

"¿Quién hizo a la tía Abby?".

"Dios".

"¿Acaso el mismo Dios que la hizo a ella me hizo a mí?".

"Sí".

"Entonces, no me gusta".

"¿Por qué no?".

"Porque a ella la hizo blanca y a mí negra. ¿Por qué no nos hizo a *las dos* blancas?".

"No lo sé. Venga, a dormir. Ya verás como mañana te encuentras mucho mejor", fue toda la respuesta que él supo dar a sus intrincadas interrogaciones. A Frado le costó mucho dormirse, y tuvieron que pasar unos cuantos días para que James se encontrase de humor para visitar y agasajar a sus viejos conocidos y amigos.

# CAPÍTULO V

## PARTIDAS

La vida es un extraño camino aderezado de árboles y flores;
Luminoso al principio, se ensombrece al final hasta arribar a un portal lejano y negro.
Se inicia como sendero ribeteado de violetas y prímulas,
una vereda de verde hierba mullida para el paso.
Mas los cardos pronto brotan por doquier.

TUPPER[5]

La visita de James tocó a su fin. Frado se había encariñado mucho con él, y tras escuchar con mucha tristeza la noticia de su partida, fue a despedirle con todos los demás antes de su marcha. El recuerdo de su generosidad la confortó durante sus muchos meses de tribulaciones, de tal manera que cuando en algunas ocasiones James le dirigía algunas palabras en las cartas que escribía a Jack, eran para ella como "el agua fría para el sediento".[6] Llegó la noticia de que James planeaba casarse muy pronto y Frado deseó con todas sus fuerzas que así fuese, pues albergaba la esperanza de que él la alejaría de aquel trato tan vejatorio que padecía. Desde la partida del joven, Frado había visto doblarse sus obligaciones. Ahora debía encargarse de *ordeñar* las vacas, y no solo de sacarlas a pacer como antes. Se habían adquirido unos cuantos rebaños de ovejas para la granja, que diariamente reclamaban una parte del tiempo de la joven. En ausencia de los jornaleros, debía también enjaezar los caballos de Mary y de su madre cuando querían salir a cabalgar o ir al molino. En una palabra, Frado se veía obligada a hacer el trabajo que habría hecho un muchacho, si hubiese podido encontrarse a uno que hubiese estado dispuesto a aguantar el mal genio de la señora Bellmont. Era la primera en levantarse por la mañana y ponerse a realizar todas las faenas que podía antes de la hora de desayunar. A veces decía algo entre dientes para divertir a Jack, mientras

---

[5] Martin Farquhar Tupper, "Of Life (Second Series)", *Tupper's Complete Poetical Works* (Boston: Phillips, Sampson, and Company, 1850, 192).
[6] Mateo 10, 42.

servía la mesa, burlas que provocaban la mirada furibunda del ama o la expulsión de la habitación.

En una ocasión, más tarde, la descubrieron subida a la techumbre del granero. Se había hecho necesario reparar algunos desperfectos y se había levantado un andamio, que no se había retirado del todo. Frado se había procurado una escalera y, para su gran alborozo, había escalado hasta el tablón más elevado. El señor Bellmont le ordenó muy serio que bajase de inmediato y la pobre Jane casi se desmayó del susto. Pero la señora Bellmont y Mary manifestaron que no les importaba si "se rompía la crisma", mientras que Jack y los jornaleros no paraban de reírse por el arrojo de aquella criatura.

Curioso que entre tanta penalidad todavía le quedasen ganas de jugar, mas su temperamento era de natural muy alegre y los arrestos que Jack y los trabajadores le infundían constantemente alimentaban esa inclinación. Cuando no había nadie de la familia con quien poderse divertir, se distraía ella sola con los animales. Entre las ovejas había un carnero testarudo que hacía de cabecilla del rebaño y que siempre se obstinaba en ser el primero en comer. En numerosas ocasiones se había enfurecido y había tirado a tierra a Negra, hasta el día en que, harta, Esta había decidido darle un buen escarmiento. El pasto en el que las ovejas pacían estaba rodeado en tres de sus lados por un caudaloso arroyo, al fondo del cual se elevaban unas escarpadas orillas. En cuanto Frado pudo disfrutar de un momento de asueto, se dirigió a toda prisa hacia aquel lugar con un cuenco en la mano, y tras subirse al promontorio más alto que hacía el terreno, se puso a vocear llamando al rebaño a comer aquel fraudulento ágape. El señor Bellmont y los jornaleros se encontraban en las cercanías, si bien Frado no alcanzaba a verlos, y detuvieron sus quehaceres para ver lo que se proponía hacer. Si por algún percance se le iban los pies, caería irremediablemente al río, y sin ayuda acabaría ahogada. Pensaron en dar voces, pero temieron que aquel repentino saludo la pudiese sobresaltar y que produjese lo que con tanta angustia querían evitar. En silencio y casi sin respirar observaron la escena. Aquel carnero tan terco arremetió con furia, dando brincos y saltos para adelantarse al resto de los animales del rebaño, y en el preciso momento en que se abalanzaba a por el cuenco de un tranco, Frado se retiró hacia un lado y el rumiante cayó rodando al río. Lo atravesó a nado y se quedó en la otra orilla solo toda la noche. Los jornaleros se revolcaban por tierra, desternillados al haber observado el engaño y adivinar de inmediato cuál había sido su propósito. El señor Bellmont fue a hablar con la niña para reñirla por haberse expuesto a tan grave peligro, pero se puso a dar saltitos, y haciendo muecas ridículas respondió que estaba segura de ser lo suficientemente rápida como para "darle esquinazo" a aquella bestia.

Pero volvamos a la historia. James se casó con una dama de Baltimore perteneciente a una acaudalada familia, un requisito indispensable, tal y como su madre le había siempre enseñado. Sin embargo, él no se había casado por su fortuna, pues la amaba con toda su alma. La joven no era muy distinta de su hermana Jane, quien poseía un talante sociable, generoso y amable, quizás *demasiado* generoso, pensaba su hermano. Su Susan, por el contrario, poseía la firmeza que a Jane le hacía falta para perfeccionar aquel carácter, pero que su salud enfermiza no le había permitido acabar de tener. Si bien inválida, Jane no se encontraba apartada de la sociedad. ¿Acaso era entonces extraño que algunos ojos *la* deseasen como compañera y pensasen que era un tesoro preciado como esposa?

Dos jóvenes parecían deseosos de poseerla. Uno era vecino de la familia, Henry Reed. Un joven alto y parco de palabras, de cabellos rojizos y ojos azules, pero siniestros. Daba la impresión de estar siempre pendiente de ella y al tanto de sus mejorías o empeoramientos. Jane aceptaba sus amabilidades y casi se sentía conquistada por ellas. Su madre la alentaba para que correspondiese a las atenciones de aquel joven, pues había ya echado cuentas para calcular los acres de tierra que como hijo único le corresponderían. Como la señora Bellmont sabía que era un potentado, quería que Jane se dejase de romanticismos.

Sin embargo, la vehemencia con que Henry parecía amasar fortuna repugnaba a Jane, pues no escatimaba esfuerzos suyos o de sus animales para conseguir tal propósito. Ella tenía la corazonada de que un hombre de esta calaña acabaría por considerarla un estorbo, y no estaba muy segura de que si la deseaba no era porque le aportaría un respetable patrimonio. Su madre, totalmente de acuerdo con los padres de Henry, le ordenó que lo aceptase. Ella, cediendo a los deseos maternos, asintió al compromiso, pues no solo carecía del arrojo necesario para oponerse a ellos, sino que, en ocasiones, víctima de la tiranía de su madre y de Mary, creía que cualquier cambio en su vida, aunque fuese este, sería preferible a continuar viviendo bajo aquel techo. Bien sabía que era ella quien debía elegir al hombre que se convirtiese en su esposo, y que a este debía preferirle por encima de todos los demás. Sin embargo, no era esto lo que podía decir de Henry.

Se hallaba sumida en este dilema, cuando llegó una visita para su tía Abby. Se trataba de uno de los jóvenes, oriundo de un estado colindante, por los que la dama sentía un especial afecto. De gran sensatez, campechano, de maneras agradables y de enorme talento, dejaba pronto de ser un extraño para aquellos que querían conocerlo. Jane solía acompañar a su tía Abby durante muchos momentos de la jornada y ahora su presencia se hacía más necesaria que nunca para agasajar a este joven amigo. Con el transcurso de los días Jane se fue sintiendo cada vez más a gusto con él y empezó a desear en su fuero interno que Henry fuese más refinado y poseyese la pulcritud de George. Su insatisfacción con Henry fue en aumento, ya que sus visitas, mientras este joven se hallaba presente, resaltaron la enorme diferencia de cualidades que existía entre los dos, y Jane se sintió cada vez más incómoda de verse obligada a corresponder a las atenciones que aquel le prodigaba. Entonces empezó a recibirlo y a dispensarle un trato de amigo.

George regresó a su casa y Jane se desvivió para sofocar los arrebatos de disgusto que la sobrecogían. Había casi logrado su propósito cuando llegó una carta a la que solo le hizo falta echar una mirada para saber desde dónde la remitían, y se retiró a leerla. Suerte tuvo de no levantar las sospechas de su madre, ni su curiosidad por conocer la identidad del remitente. Tras leerla, se encaminó a las dependencias de su tía Abby y entregó la misiva a Esta, a quien no eran desconocidas las tribulaciones de Jane.

George no había podido descansar después de su regreso, escribía en aquella carta, hasta haber hecho partícipe a Jane de las emociones que su presencia despertaba en él, y de sus anhelos por amarla y hacerla suya. Le imploraba que le comunicase si su afecto era correspondido, o creía ella que lo sería en un futuro cercano. Asimismo, le preguntaba si se le permitía seguir escribiéndole y si se hallaba libre de compromiso.

"¿Qué diría mi madre?", inquirió Jane al devolverle su tía la carta.

"Nada que te sirviese de consuelo".

"Tía, George es el hombre, por todo lo que he visto de él, a quien yo creo que podría realmente amar. Sabes que jamás diría una cosa así de Henry...".

"Entonces no te cases con él", la interrumpió la tía Abby.

"Mi madre me obligará".

"Pero tu padre no".

"Tía, ¿qué puedo hacer? ¿Contestarías tú la carta si estuvieras en mi lugar?"

"Sí, respóndele. Cuéntale la situación".

"No le hablaré de todos mis sentimientos".

Jane le respondió diciendo que había disfrutado enormemente de su compañía, que no había percibido nada ofensivo en su comportamiento, que tampoco le disgustaba su apariencia y que no se encontraba bajo ninguna obligación que le impidiese cartearse con él como amigo y conocido. La respuesta dejó a George en un estado de gran desasosiego, por lo que escribió a la tía Abby, quien le proporcionó los detalles pertinentes. Como se resistía a ver a Jane inmolada de esa suerte y no hacer nada por rescatarla, resolvió efectuar una nueva visita. Fue entonces cuando pudo oír de los propios labios de la joven que ella le prefería a él. Tras aquella declaración fue a ver a Henry a su casa para conferenciar con él. El tema sobre el que tenían que hablar no era agradable, pues Henry se negó a que se le suplantase de aquella manera y declaró que estaba dispuesto a sacrificar cualquier cosa, excepto su herencia, para retener a su prometida.

"Así que tú eres la causa de que últimamente se haya mostrado tan fría conmigo. ¡Márchate! No quiero hablar más de ello. El asunto está zanjado entre nosotros y así se va a quedar", afirmó Henry.

"¿Acaso no quieres conocer lo que siente Jane realmente hacia ti?", preguntó George.

"¡No! ¡Vete, he dicho! ¡Vete!", le conminó Henry, al tiempo que le abría la puerta para que se marchase.

George decidió buscar el consejo de la tía Abby. Henry también se marchó, pero a presentar su causa ante la señora Bellmont, quien se sintió desafiada, sorprendida e indignada. Hizo llamar a Jane, y tras una larga diatriba contra Nab y su influencia diabólica, le dijo que no solo no podía romper su compromiso con Henry, sino que no debía. George Means[7] tenía el nombre que se merecía, pues era realmente despreciable. Ella conocía a su familia desde hacía mucho tiempo y sabía que su padre había tenido cuatro esposas y una caterva de hijos.

La tormenta ahora se hizo inminente para todos los espectadores. El señor Bellmont fue a ver a Jane y ella, tras contarle sus objeciones con respecto a Henry y mostrarle la carta de George, le dio cuenta de cual había sido su respuesta con ocasión de la visita del joven. El padre le rogó que guardase la calma, pues él pondría de su parte para que no se viese forzada a renunciar a sus preferencias en una transacción de tamaña trascendencia. A la sazón buscó a los dos jóvenes y les dijo que, como padre, no podía tolerar que su hija se viese obligada a comprometerse a una unión con alguien con quien no congeniase, puesto que para una joven que adolecía de una salud como la suya la libre y voluntaria elección resultaba de capital importancia.

---

[7] "Mean" en inglés como adjetivo significa pobre, ruin, vulgar, bajo, despreciable.

Jane envió a Henry una carta de despedida, y él a ella le escribió otra de tono legalista, en la que hacía balance de su desilusión en términos monetarios.

Aguantar la furia de su madre casi pudo con ella, pero el consuelo del generoso padre y de la tía le infundió coraje para continuar. Tras un intervalo de tiempo apropiado, Jane se casó con George y se trasladó a su casa de Vermont. De esta suerte se desvaneció otra luz en el horizonte de Negra, aunque no sería la última porque muy pronto se disiparía otra. Jack anhelaba probar fortuna y procurarse su propia manutención, y en cuanto se le ofreció la oportunidad de trabajar como empleado en un almacén de una ciudad del Oeste, seis meses después de la partida de Jane, Negra se quedó abandonada entre los amables favores de Mary y de su madre. Y en un intento de hacer desaparecer el último vestigio de consuelo terreno, la señora Bellmont vendió al compañero y mascota de Frado, su perro Fido.

# CAPÍTULO VI

## VARIEDADES

> Arduos son los primeros pasos de la vida, y si no fuera porque la
> juventud es vigorosa, confiada y esperanzada, los hombres
> contemplarían aquel umbral y se desesperarían.[8]

El desconsuelo que sintió Frado por la pérdida de su perro fue tan grande que la
señora Bellmont, muy a pesar suyo, se vio forzada a recuperarlo para alivio de la
niña. El estar privada de toda clase de esparcimiento había exaltado el valor de las
pocas diversiones que se le permitían, por lo que Fido había pasado a ser en la
estimación de la pequeña una presencia más valiosa que la de cualquiera de los
seres humanos que la rodeaban.

Hacía ya unos cuantos años que James se había casado y sus frecuentes
requerimientos a la familia para que les visitasen habían sido finalmente aceptados.
De manera que la señora Bellmont empezó a hacer grandes preparativos para pasar
el otoño en Baltimore. Mary se quedó al frente de la casa, solo en sentido teórico,
puesto que Negra era el único motor que hacía que todo funcionase allí. Prefería
ser víctima de la crueldad de madre e hija juntas antes que quedarse desamparada
ante aquella señorita de carácter irascible, exaltado y desenfrenado, a la que
siempre había aborrecido y a la que resultaba insoportable obedecer. En ese brete la
habían puesto. Si Jack o Jane hubiesen estado en casa, habría podido confiar en
tener alguna protección, pero a la sazón solo quedaba una persona en aquella
morada: la buena tía Abby.

Contempló con gran amargura cómo el carruaje que transportaba a sus amos se
alejaba, y suplicó un único favor: que James la reclamase cuando regresaran los
Bellmont, una esperanza que había albergado en lo más hondo de su corazón
durante aquellos cinco años.

Ahora que contaba apenas catorce años era capaz ella sola de hacer toda la
colada, la plancha, cocinar y la larguísima lista de tareas domésticas. Mary se lo

---

[8] Laetitia E. Landon, "Sucess Alone Seen" en Charles D. Cleveland, ed., *English Literature of the Nineteenth Century*, Philadelphia, 1851, 404.

encargaba todo, si bien simulaba ella misma tener una gran responsabilidad. Se estaba mucho tiempo en la cocina para así librarse de alguna tarea, que al final se quedaba sin hacer; o para insistir en que se cumpliesen sus deseos relacionados con algún aspecto que decía no conocer demasiado, y desde luego muchísimo menos que la persona a la que se dirigía para que se ocupase de ellos. Dictaba sus órdenes con tal ímpetu que no quedaba más remedio que acatarlas, aunque para escapar de la barahúnda Negra solía hacer, sin que ella se enterase, lo contrario para poder descansar de vez en cuando.

¡Negra cayó enferma! ¿Qué se podía hacer? Claro está que seguir trabajando, pero sin contar con la señorita Mary. De esta manera Negra continuaba al pie del cañón mientras le aguantaban las piernas, cuando no se desplomaba al suelo o sobre una silla hasta recobrar las fuerzas, y vuelta a empezar. En las ocasiones en que Mary la pillaba, la regañaba por su holgazanería y la amenazaba con contárselo a su madre en cuanto regresase a casa, y con otras cosas peores.

"¡Negra!", vociferó Mary uno de los días en que se sentía más alicaída. "Ven aquí y barre estos hilos de la alfombra". Con ímprobo esfuerzo y con los brazos y las piernas a rastras, intentó limpiar apoyándose en la escoba. Impaciente por la demora, Mary la volvió a llamar, pero ahora con otro requerimiento. "Rápido, tráeme un poco de leña, haragana". Negra dejó la escoba apuntalada contra la pared y se dirigió a cumplir la nueva orden.

Tardó demasiado tiempo. Encolerizada por la tardanza, Mary se levantó y la saludó diciendo: "¿Por qué te has demorado tanto? Tráela rápido, venga".

"No puedo ir más deprisa", se lamentó la joven al entrar.

"¡Qué Negra más descarada e insolente que eres! ¿Es esa forma de contestarme?", le preguntó al tiempo que cogía de la mesa un enorme cuchillo de trinchar y lo lanzaba presa de la rabia a aquella indefensa criatura.

Negra lo pudo esquivar y el cuchillo fue a clavarse en el techo a unas cuantas pulgadas de donde se encontraba. A Mary le pasó entonces por la mente la imagen de una carnicería de la que ella habría sido la perpetradora y las nefastas consecuencias de lo que había estado a punto de suceder.

"Ni se te ocurra contarle a nadie lo que ha pasado. Si se lo dices a la tía Abby, te juro que te mataré", la amenazó aterrorizada. Regresó a su habitación, barrió ella misma los hilos, y durante un día o dos se mostró más calmada, por lo que escapó de un castigo bien merecido.

¡Qué largas le parecieron a Negra las semanas que pasó sometida a la autoridad de Mary! Mas transcurrieron, como todas las penas y alegrías de este mundo. El señor y la señora Bellmont volvieron encantados de su visita y cargados de ricos presentes para Mary. No hubo ni una palabra de esperanza para Negra. La salud de James no era demasiado fuerte, por lo que no vendría de visita hasta la primavera siguiente.

"Ese será el momento de mi liberación", pensó Negra. "Me marcharé con él".

Como su jornada se iniciaba con las primeras luces del alba y finalizaba justo después de que todos se fuesen a dormir, la joven se sentía agotada, descorazonada y ansiosa de descanso.

El hallarse expuesta al frío y al calor, o viceversa, solía hacerla enfermar esporádicamente. No llevaba zapatos hasta bien pasados los primeros hielos y nevadas, y antes de que los últimos vestigios del invierno se hubiesen desvanecido volvía a ir con los pies descalzos. Como no se abrigaba bien contra estos cambios tan repentinos, su salud se resintió hasta el punto de casi costarle la vida. Cualquier palabra de queja era severamente reprendida o cruelmente castigada.

Le decían que disfrutaba de mucho más de lo que se merecía. De este modo, el trabajo físico que se veía obligada a realizar no constituía su única carga, pues tal era el incesante torrente de reprimendas, bofetadas y amenazas que le llovían encima que era suficiente para impedir que alguien con más años se quedase en aquella casa si era testigo de tamaña crueldad.

Es imposible dar una impresión acertada del gusto que sentía la señora Bellmont ante las escenas que se representaban en la cocina. Lo que más la deleitaba era entrar en aquella estancia de forma aparatosa, empezar a vociferar órdenes, descargar unos cuantos golpes a Negra para que acelerara el ritmo, y volver al salón con una *profunda* expresión de satisfacción al sentirse congratulada por su dominio de las artes domésticas.

Solía levantarse por la mañana cuando sonaba la campanilla que anunciaba el desayuno. Negra sabía que, si la hacía tintinear antes de la hora acostumbrada, tenía asegurado un buen rapapolvo.

La señora Bellmont era consciente de que la única que se entrometía entre ella y Frado era la tía Abby, pero en cuanto la dama se *atrevía* a inmiscuirse, por poco que fuese, se la mandaba de vuelta a "sus aposentos". Negra iba a hurtadillas a verla para enterarse de las noticias de los ausentes, y así tener una luz que pudiese iluminarla en aquella tenebrosidad de cuitas, labores y calamidades en la que se hallaba sumida.

A principios de primavera llegó una carta de James en la que anunciaba que su salud había sufrido un empeoramiento y que como remedio se le había aconsejado probar los aires norteños. La noticia alegró sobremanera a Frado, quien se dispuso a recibir este placentero aumento en la familia, en realidad una nueva carga para sus ya incontables fatigas.

James llegó débil, cojeando por la enfermedad y tan cambiado de aspecto que Frado rompió a llorar en cuanto lo vio, pues temía que se lo quitaran de su lado para siempre. La saludó con gestos y palabras amables y la condujo hasta el salón para que conociese a su esposa e hijo, al tiempo que le prodigaba muchas atenciones con el fin de que se le iluminase aquel triste rostro con una sonrisa.

¡Qué dichosa y protegida se sentía Frado en su presencia! Para ella él constituía su refugio. Durante unos cuantos días James observó el funcionamiento de aquel hogar. Negra todavía comía de la misma manera que antes, es decir, la misma ración de comida. Entonces él un día, mientras la joven servía la mesa, le rogó que no se retirase y que se sentase a comer con ellos.

"*Sí* que se va a sentar, madre", afirmó él de forma tajante, pero sin alterarse. "Está decidido. He visto cómo se mata a trabajar, y mientras me encuentre yo en casa se va a sentar *aquí* y va a comer lo mismo que comamos nosotros".

Su madre no respondió, pero de sus negros ojos saltaron unas cuantas chispas, ya que temía oponerse a aquellas situaciones en las que tenía la certeza de que no podría salirse con la suya. De esta manera, a Negra se le acabó el estar siempre de pie y subsistir con aquella mísera dieta.

Todavía iba vestida con ropa vieja y zarrapastrosa. Carecía de la suerte de contar con un atuendo para los domingos, pues nunca se le permitía asistir a la iglesia con el ama. "La religión no está hecha para los negros", decía aquella. Cuando el esposo y los hermanos estaban ausentes, Negra conducía el carruaje de la señora Bellmont y de Mary hasta el templo, regresaba a casa y luego volvía a recogerlas al término del servicio, pero nunca se quedaba. La tía Abby la llevaba a algunas reuniones religiosas que se celebraban por la noche en la vecindad, y a las que la señora Bellmont nunca asistía. Y de camino al lugar de recogimiento, le impartía lecciones sobre la verdad y la gracia divinas.

Muchas personas con menos conmiseración se habrían negado a exhibir una figura de apariencia tan lastimosa como la que presentaba Frado. La señora

Bellmont le había cortado los abundosos rizos y ataviado con un burdo traje de paño y una vieja papalina, de manera que parecía de todo menos atractiva. Sin embargo, la tía Abby solo contemplaba su interior y allí veía un alma a la que podía salvar, a la que podía conceder la felicidad de la inmortalidad.

Negra se deliraba por estas noches, pues representaban un agradable descargo de sus innumerables labores. Las melodías y oraciones que entonaba esta buena gente suponían un contraste perfecto frente a los implacables tonos que herían sus oídos durante todo el día. Pronto dominó todos sus cánticos sagrados y pasó a endulzar sus tareas con el acompañamiento de estas melodías.

James alentó a su tía en sus esfuerzos. Él, que había encontrado al *Salvador*, deseaba que el corazón de Frado se regocijase, se tranquilizase y tuviese el sostén de *su* presencia. Estaba convencido de que aquella alma poseía algo que, transformado y purificado por el Evangelio, la haría merecedora de la estima y amistad del mundo. Pensaba que aquel corazón generoso y lleno de afecto, con el ingenio innato, la sensatez y la vivacidad que algunas veces mostraba, si eran conducidos por el recto camino, podrían serle provechosos a la hora de imbuirle una confianza en sí misma que le resultaría muy conveniente en el futuro.

Sin embargo, no era posible lograr todo esto si continuaba estando donde estaba. Sabía que debía ser cauto y no presionar a su madre en demasía con sus requerimientos, pues lo único que llegaría a conseguir sería aumentar las cuitas de aquella a quien con tanto anhelo quería aliviar. Le infundió ánimos que a la joven le hicieron albergar la esperanza de que se volvería con él y su familia, en cuanto se hubiese recuperado lo suficiente.

Negra despertó a nuevas ilusiones y aspiraciones, al tiempo que anhelaba la venida de un futuro hasta entonces desconocido.

La llegada inesperada de Jack culminó la dicha de la joven, quien la saludó con la misma efusión que a cualquier otro miembro de la familia.

"¿Qué has hecho con los rizos, Fra?", le preguntó Jack después de los saludos de turno.

"Me los ha cortado el ama".

"Pensó que te estabas haciendo demasiado hermosa, ¿verdad? La misma historia de siempre, ¿no? ¿Sigue con los golpes y trompazos? No temas, Negra, porque llegan tiempos mejores".

¡Qué diferente le sonaba el nombre cuando lo pronunciaba él! ¡El tono de voz con que lo decía y los ojos tan picarones que ponía!

Frado se rio y le dijo que lo mejor que podía hacer por ella era llevársela al Oeste como ama de llaves.

Jack se sintió muy complacido de las innovaciones que James había introducido en la disciplina de las comidas, por lo que empezó a demorarse en el comedor solo para deleitarse viendo a Negra en aquel nuevo lugar que ocupaba en la mesa familiar. Un día, estando sentado allí y después de que los demás hubiesen acabado de comer, Frado se acomodó en la silla del ama y a punto estaba de coger un plato de postre limpio de la mesa, cuando entró la señora Bellmont.

"Deja ese plato. No tienes por qué coger uno limpio. Come del mío", le ordenó. Negra vaciló. No le habría importado comer del plato de James, del de su esposa o del de Jack, pero que el ama le mandase hacer una cosa que le repelía, porque en sí misma era desagradable, era muy irritante. Miró a su alrededor, cogió el plato y de inmediato se puso a llamar a Fido para que lo limpiase, cosa que este hizo lo mejor que supo. Entonces limpió el cuchillo y el tenedor con el mantel y procedió a apurar la comida.

Durante el tiempo que duró el proceso, Negra nunca se había dignado a mirar al ama, pues tenía a Jack cerca, lo que le hacía no temerla.

Ofendida y encolerizada, la señora Bellmont corrió hacia su esposo y le instó a que castigase el insulto azotando a aquella criatura y, además, le dijo que si él no lo hacía lo haría James.

James se presentó para oír la versión de la historia que se contaba en la cocina. Desternillándose, Jack le relató las circunstancias, y sacándose del bolsillo una reluciente moneda de plata de medio dólar, se la lanzó a Negra diciendo: "Toma esto. Ha valido la pena pagar para verlo".

James fue en busca de su madre y le contó que no tenía intención ni de excusar ni de paliar la insolencia de Negra, pero que tampoco iba a azotarla ni a castigarla. "La forma en que la has tratado siempre ha hecho que no te ganes su afecto y lo único que su comportamiento hace es exhibir tu propia desidia en este asunto", le dijo. La señora Bellmont se guardó el resentimiento que sentía contra ella hasta que se le presentase una ocasión más oportuna. A la primera oportunidad en que se quedó sola con Negra, le propinó una buena paliza para así saldar deudas atrasadas y la amenazó con cortarle la lengua si la volvía a poner en evidencia delante de James.

A su regreso, James la descubrió hecha un mar de lágrimas, pero, temerosa de una posible venganza, no se atrevió a contestar a sus preguntas. El joven adivinaba la causa y anhelaba recuperar la salud para así ponerla bajo su protección.

# CAPÍTULO VII

## ÁNIMO ESPIRITUAL DE NEGRA

¿Qué son nuestros sueños e ilusiones? ¿Qué son nuestras esperanzas sino agradables sombras de una nube de estío?

H. K. W.[9]

La salud de James no mejoró en la medida en que se esperaba. Transcurrían los meses, pero sin que se vislumbrase ningún fortalecimiento de su estado. La falta de fuerzas no le permitía dar ningún paseo que le alejase demasiado de la casa, pero le encantaba sentarse con la tía Abby en su tranquilo cuarto y hablar de glorias trascendentes y de experiencias místicas, al tiempo que pensaban en cómo mejorar el ánimo espiritual de aquellos que les rodeaban. En estas entrevistas confidenciales siempre se hacía mención de Frado. Tía y sobrino debatían sobre la opinión pública generalizada que argumentaba que la gente de color era inferior, incapaz de educación o refinamiento. Ellos, por su parte, calibraban las cualidades de Negra, que tanto prometían si se encauzaban en la dirección adecuada. "James, me gustaría que te la llevases a *tu* casa cuando te recuperes", le manifestó la tía en una de aquellas sesiones.

"Eso es precisamente lo que anhelo poder hacer, tía Abby. Susan está de acuerdo conmigo y es nuestra intención llevárnosla. Hace años que quiero hacerlo".

"Parece sentirse profundamente conmovida por lo que escucha en nuestras reuniones nocturnas y no para de interrogarme sobre temas de honda trascendencia. Además, también me da la impresión de que le encanta leer la Biblia. Me hace albergar muchas esperanzas esa criatura".

"Espero que *sea* precavida. No hay nadie que tenga un corazón más generoso ni que sea capaz de amar con más dedicación. Y pensar que con todos los prejuicios que el mundo abriga contra su gente, haya de criarse en una ignorancia tal que

---

[9] Henry Kirke White, "Time: A Poem", *The Poetical Works of Henry Kirke White* (London: Bell and Daldy, 1830, 20).

ahogue todos sus más delicados sentimientos. Cuando pienso en lo que podría convertirse y me doy cuenta de en lo que realmente se convertirá, me dan ganas de detener el tiempo hasta que el mundo cambie de parecer y miles como ella se alcen y posean la noble libertad. Soy testigo de cómo el pesar de Frado por ser negra se transforma en angustia. Me aflijo al recordar esas escenas. Mi madre hace como que cree que, por no saber suficiente, Frado no es capaz de sentir pena por nada. Mas si la hubiese visto como yo la he visto en aquellos momentos en los que creyéndose sola y acompañada únicamente por su perrito Fido se lamentaba de su soledad y del color de su piel, estoy seguro de que, si es capaz mi madre de sentir algo, se arrepentiría de pensar así. En verano, mientras paseaba cerca del granero, llegaron hasta mis oídos unos sollozos. '¡Ay! ¡Ay!', escuché, '¿Por qué he tenido que nacer? ¿Por qué no puedo morirme? ¿Para qué tengo que seguir viviendo? No le importo a nadie, solo les importo por la faena que hago. Estoy enferma, pero ¿a quién le preocupa? Trabajo hasta que me sostienen las piernas, y luego caigo rendida y me quedo en tierra hasta que me levanto otra vez. Sin madre, ni padre, ni hermanos que velen por mí, y siempre la misma cantinela de 'negra holgazana, negra holgazana'. Y todo porque tengo la piel oscura. ¡Ay, ojalá me muriese!'.

Entré en el granero para verla. Estaba acurrucada entre las gavillas de heno, con su fiel amigo Fido, y cuando dejó de hablar escondió el rostro entre las manos y rompió a llorar con infinita amargura. Entonces acarició a Fido, lo cubrió de besos y le dijo: 'Fido, tú me quieres, ¿verdad? Venga, que tenemos que ir a trabajar al campo'. Se dispuso a cumplir con su obligación. La llamé para que se me acercase y le dije que no hacía falta que fuese, pues había suficiente forraje.

Me tiene tanta confianza que hace todo lo que yo le pido. Entonces encontramos un asiento a la sombra de un frondoso árbol, y allí aproveché la oportunidad de quitarle de la cabeza aquellas ideas que tenía sobre la soledad causada por su condición y la falta de amigos caritativos. Le aseguré que la opinión de mi madre no era en absoluto la general; que en esta parte de la nación existen miles y miles de personas que defienden la mejora de su raza y que están en contra de la opresión en todas sus manifestaciones; que sí que había gente que la compadecía y que no la despreciaba; que sí tenía amigos y que sí podía tener esperanza de vivir un futuro mejor. Tras haberle manifestado estas palabras de consuelo, me levanté con la determinación de que, si recuperaba la salud, me la llevaría a casa, con o sin el consentimiento de mi madre".

"No sé lo que haría tu madre sin ella, pero ojalá se marchase".

Susan vino a buscar al esposo largo tiempo ausente y ambos regresaron a sus aposentos.

El mes de noviembre fue uno de los más angustiosos, a causa de James, pues su salud sufrió un rápido deterioro.

Llamaron a un famoso doctor, quien juzgó necesario realizar una operación como último recurso. Si Esta fallaba, no habría más esperanzas. Como es de esperar, James se encontraba recluido enteramente en su habitación, encamado casi todo el tiempo. A pesar de todo el dolor físico y la zozobra que sentía por la familia a la que ya no podría seguir amparando, no se olvidó de Frado. La protegió de muchas palizas y no pasaba día en el que no le impartiese alguna lección de religión. Por otra parte, no resistía que nadie, a excepción de su esposa, le atendiese más que Frado, con lo que además de las labores diarias ella se vio privada del descanso nocturno.

Sin embargo, era ella misma la que insistía en que la llamasen, pues anhelaba mostrar su amor a quien tan bien se había portado con ella. Su angustia y tristeza fueron en aumento en la misma medida en que las probabilidades de recuperación de James se hicieron cada vez más escasas.

Cuando la señora Bellmont se la encontró un día llorando por él, la hizo callar, y tras propinarle unos buenos azotes con el látigo, la amenazó diciéndole que no quería volverla a ver gimoteando, pues tenía trabajo que hacer. Frado se cuidó mucho de volver a derramar una lágrima por él en su presencia.

# CAPÍTULO VIII

## UNA VISITA Y UNA PARTIDA

Me preocupan otras cuitas, y mi fatigada alma con emuladora
celeridad eleva los ojos a Dios.[10]

El hermano de James, que residía en Baltimore y que era también socio suyo en los
negocios, fue avisado para que viniera a hablar con quien muy posiblemente no
volvería nunca más a ver allí.

James empezó a hablar de cómo su vida estaba tocando a su fin; del cielo como
lugar de inminente perspectiva; de aspiraciones que solo fructificaban en la gloria.
Su hermano, de nombre Lewis, era el preferido de su hermana Mary, pues tanto en
disposición como en gustos se le parecía más que James o Jack.

Se presentó en la casa con toda la celeridad posible después de recibir el aviso,
y vio con aflicción los indicios inconfundibles de la fatalidad en la persona de su
hermano enfermo. Escuchó entre lágrimas sus admoniciones, admoniciones para la
vida cristiana, y pronunció algunas promesas para atender aquellos asuntos tan
queridos al corazón de James.

¡Con qué placer le habría dado toda su ayuda para que se curase! Pero ¡ay!, esto
no se hallaba en su poder, por lo que después de oír los deseos y las disposiciones
de su hermano concernientes a su familia y negocios, resolvió regresar a casa.

Angustiado por la soledad que le aguardaba allí, persuadió a sus padres para que
permitieran que Mary lo acompañase, pues como el enfermo no la necesitaba ni
ella se hacía necesitar en la cocina, estaba decidida a partir con él.

Se sacaron los baúles y se embutieron con lo mejor de los armarios de ella y de
su madre, cuando las prendas de Esta última le eran apropiadas.

"Negra nunca se ha mostrado tan servicial como ahora", comentó Mary, y se
preguntó qué le habría podido inducir a tamaño cambio y a abandonar la
hosquedad de siempre.

---

[10] Henry Kirke White, "In the Prospect of Death", *The Poetical Works of Henry Kirke White* (London:
Bell and Daldy, 1830, 79).

Negra miraba más allá del presente y se congratulaba por los futuros días de paz que disfrutaría, pues Mary nunca perdía la oportunidad de advertir a su madre de las faltas de Negra, si aquella no las sabía.

¿Acaso era entonces extraño que mostrase tanta solicitud ante la posibilidad del alivio que disfrutaría con su marcha?

La despedida del hermano enfermo fue triste y se llevó a cabo entre lágrimas. James elevó unas plegarias en presencia de los que partían, para su regeneración en la santidad; les urgió a que prestasen atención inmediata a las realidades eternas; y les hizo prometer que Susan y Charlie serían siempre partícipes del afecto de la familia.

En cuanto se hubieron puesto en camino, Negra se dirigió a hurtadillas a la alcoba de la tía Abby, y de puntillas y retorciéndose de todas las formas imaginables, exclamó: "¡Se ha ido, tía Abby! ¡Se ha ido! ¡Se ha ido!". Y se puso a dar saltos, arriba y abajo, tanto que la señora tuvo miedo de que con tales expresiones atrajese la atención del ama.

"Tía Abby, se ha ido, se ha ido. Espero que no vuelva a aparecer por aquí nunca más".

"¡No! ¡No! ¡Frado, está mal decir eso! Lo que quieres es verla muerta y eso no puede ser".

"Bueno, espero que no vuelva más. De todas maneras, siento como si no fuera a regresar".

"Es la hermana de James", la reprendió la tía Abby.

"Y también es hermano nuestro el carnero terco que tiré al río. Ya me gustaría intentar escarmentarla a *ella* también".

"Te estás olvidando de lo que nuestro buen ministro nos dijo la semana pasada sobre hacer el bien a aquellos que nos odian".

"¿Acaso no he hecho el bien yo, tía Abby, cuando le he lavado, planchado y empacado sus andrajos para librarme de ella, y la he ayudado a hacer los baúles, y no he parado de ir de acá para allá por ella?".

"Bien, bien, Frado. Venga, vete y acaba tus tareas o acabarás enfadando a tu ama y lamentarás que no esté la señorita Mary".

Negra hizo lo que se le ordenó, y mientras iba caminando se la podía escuchar cantando con la voz clara melodías alegres que atestiguaban el alivio que sentía por la partida de una de sus torturadoras.

Con el transcurso de los días se intensificó la quietud en la habitación del enfermo. Desvalido y nervioso, con frecuencia pedía cambiar de posición para lograr, aunque fuese un alivio momentáneo. Consecuencia de ello fue que las llamadas para que Frado le atendiese se tornaron más repetidas y las noches de Esta se hicieron menos tranquilas. La salud de la joven se vio así mermada por los abrumadores esfuerzos que se veía obligada a realizar para levantar al enfermo y por las innumerables tareas que le tenían reservadas en la cocina. Trató de ocultar a James sus continuos achaques, pues temía que descansase menos si cambiaba de enfermera, si bien no ignoraba que la señora Bellmont no mostraría la menor compasión por ella. Al final se vio tan extenuada que le fue imposible estar de pie durante mucho rato. Para lavar los platos se *sentaba* a la mesa, y si oía acercarse los conocidos pasos del ama, se levantaba hasta que aquella regresaba a su habitación, y volvía a dejarse caer para descansar. Como era de esperar, ahora tardaba más en terminar las faenas que se le asignaban, y aunque esto fue motivo de quejas por parte de la señora Bellmont, la joven se esforzó por borrar toda traza de enfermedad en su presencia.

Sin embargo, la dolencia se fue apoderando de ella hasta el extremo de que ya no pudo continuar escondiendo su indisposición. El ama entró un día, y al encontrarla sentada, le ordenó que volviese al trabajo. "Estoy enferma", contestó Frado, levantándose y acercándose lentamente allí donde se había dejado la tarea a medias, "y no me tengo de pie mucho rato, porque me encuentro muy mal".

Enfurecida por su atrevimiento a replicarle, la señora Bellmont le propinó un golpe que hizo que la tambaleante joven se derrumbase al suelo. Envalentonada por la posibilidad de permitirse el placer de ceder a sus más desenfrenadas pasiones, el ama dio rienda suelta a toda la maldad que habitaba en ella, y cogiendo un trapo, se lo embutió en la boca a su víctima y le propinó una soberana paliza.

Frado se consoló con la esperanza de que, si moría con aquel apaleamiento, al menos vería acabadas todas sus miserias. Lo aguantó con la fortaleza propia de un mártir que sabe que el fin del sufrimiento no está lejos. A pesar de que tenía la boca tapada y los sonidos que pronunciaba le salían medio ahogados, el notable escándalo que se armó fue detectado rápidamente por el fino oído de James.

"Dile a Frado que venga", dijo con voz entrecortada. "Llevo todo el día sin verla".

Susan se dirigió con la petición hacia la cocina, donde los signos de que había tenido lugar un suceso violento eran más que evidentes.

La señora Bellmont le contestó diciendo que ahora Frado tenía trabajo que hacer y que en cuanto lo hubiese terminado iría.

La vuelta de Susan sin la joven confirmó el temor de su esposo, quien rogó a su padre, a la sazón sentado a su lado, que fuese a buscarla. Bien sabía James que a este mensajero no se le podría rechazar, y al cabo de un rato entró Frado hecha un mar de lágrimas y exhausta por la angustia que la abatía.

James le pidió que se acercase y le preguntó por la causa de su pesar. A ella le daba pánico delatar a la cruel autora de sus desgracias, para así no provocarle nuevos arrebatos. Sin embargo, tras mucho insistir, se lo contó todo, que en realidad era mucho más de lo que él pensaba que había escapado a sus atentos oídos. El desdichado James cerró los ojos en silencio, como si el recital de aquellas calamidades le estuviese causando tanto dolor que hubiese decidido olvidarlas. Entonces, volviéndose hacia Susan, le rogó que cogiese a Charlie y que se marchasen, porque ella "necesitaba un poco de aire fresco", dijo. "Y dile a mi madre que quiero que Frado esté aquí conmigo hasta que tú vuelvas. Te encuentro muy desmejorada y creo que es porque estás demasiadas horas metida aquí dentro, en la habitación de este enfermo". El señor Bellmont también abandonó el cuarto, por lo que Frado se quedó a solas con su amigo. La tía Abby vino a cumplir con su visita diaria, pero al ver el semblante tan apagado de la acompañante, se la llevó consigo a su alcoba para administrarle un poco de jarabe. Pero no tardó mucho en regresar y James la retuvo con él el resto del día, a lo que siguió un agradable descanso por la noche, de manera que al día siguiente Frado pudo continuar con sus labores de costumbre. James insistió, además, en que asistiese a las reuniones religiosas que se celebraban en la vecindad en compañía de la tía Abby.

Frado, bajo la tutela de la tía Abby y del ministro, se convirtió en una firme creyente en la existencia de una vida futura, dichosa o desgraciada. Su duda estribaba en saber si los negros tenían destinado algún cielo. Consciente era de que había uno para James, para la tía Abby y para toda aquella gente blanca que era buena, pero ¿acaso había uno para los negros? Había escuchado con enorme atención todo lo que el ministro le había predicado y lo que la tía Abby le había dicho, pero todo iba referido a los blancos.

Mientras James se iba acercando a ese mundo de los bienaventurados, Frado empezó a sentir también un profundo deseo de seguir y acompañar allí a aquel amigo que tanta caridad y conmiseración le había mostrado.

Debatiéndose entre estos deseos y aspiraciones, asistió a una reunión vespertina con la tía Abby, donde el pastor exhortó a todos los oyentes, tanto a los jóvenes como a los mayores, a aceptar los dones de la caridad y a recibir al compasivo Jesús como su Salvador. "Venid a Cristo", les alentó, "todos, jóvenes y viejos, blancos y negros, libres y esclavos, venid a Cristo para el perdón de los pecados, arrepentíos y creed".

Este era el mensaje que Frado ansiaba escuchar y se le antojó destinado especialmente a ella. Sin embargo, el ministro les había dicho que se arrepintiesen, pero ¿a qué se refería?, se preguntó. Bien sabía ella que no encajaba en ningún cielo, ya fuese el de los blancos o el de los negros. Se hallaba dispuesta a arrepentirse o a hacer cualquier otra cosa que le permitiese compartir el más allá de James.

Con el paso de los días su angustia fue en aumento. Su semblante delataba trazas de una solicitud jamás antes conocida, y a pesar de que no hablaba de la lucha interna en la que se estaba debatiendo, todos los que la rodeaban percibieron el gran cambio que estaba sufriendo.

James y la tía Abby confiaban en que se tratase del nacimiento de aquella buena semilla sembrada por el Espíritu de Dios. La atención con que aquellos ojos llenos de lágrimas habían seguido la última reunión a la que había asistido animaba a la tía de James a esperar que hubiese experimentado el despertar de la mente y la resurrección del espíritu. La tía Abby advirtió que se encontraba especialmente inmersa en la lectura de la Biblia, hecho que corroboró su convicción de que un Mensajero celestial la estaba ayudando en aquella pugna. Los vecinos venían a preguntar por el enfermo y también a saber si Frado iba *"en serio"*. Se dieron cuenta de que en las reuniones su talante era pensativo y que sus ojos no permanecían exentos de lágrimas. La señora Reed se mostró muy preguntona, pero la señora Bellmont le respondió diciendo que ella no había visto ningún cambio que fuese para mejor. Ni se sentía responsable de su educación espiritual, pues ni siquiera creía que tuviese alma.

En verdad que Negra estaba sufriendo mucho, pues una vez cogía interés por algo, se apasionaba sobremanera. Leía la Biblia con profunda atención y en cuanto se le presentaba la mínima oportunidad, cosa que sucedía cuando se encontraba recluida en su cuarto o al lado de la tía Abby, quien con inmensa generosidad la aleccionaba sobre Cristo y la instruía en el camino de la salvación.

La señora Bellmont la encontró un día mientras repasaba la Biblia tranquilamente. Estupefacta y sin acabar de creerse lo que los entremetidos vecinos le habían contado, decidió que había llegado la hora de tomar cartas. Allí estaba ella, leyendo y derramando lágrimas por lo que veía en las Sagradas Escrituras. Le ordenó que guardara el libro, que se pusiese a trabajar, que no fuese lloriqueando a moco tendido por toda la casa y que ni se le ocurriese volver a ponerse a leer.

Mas existía un diminuto espacio, que rara vez era penetrado por el ojo escrutador del ama: su desangelado y triste cuarto, que para ella, sin embargo, constituía su más seguro escondrijo. Aquí solía escuchar las súplicas del Salvador e intentaba traspasar aquel velo de vacilaciones y maldad que le oscurecía el alma, al tiempo que anhelaba deshacerse de las cadenas del pecado y alzarse para participar en la comunión de los santos.

La señora Bellmont, como hemos dicho con anterioridad, no se preocupaba por el destino futuro de su criada. Toda la responsabilidad que asumía a este respecto consistía en hacer únicamente lo que en realidad le resultaba más provechoso para *sí misma*. Sin embargo, la atención que podía acabar atrayendo el hecho de que Negra se convirtiese en una persona religiosa la sacaba de quicio. ¿Cómo podía hacer frente a esto llegado el caso? Resolvió entonces llevar su queja ante John, ya que, por extraño que parezca, siempre que se sentía aturdida por alguna causa de esta índole recurría a él. Ya era hora de que se hiciese algo, pues Negra había comenzado a leer la Biblia a la vista de todo el mundo y sin ningún recato.

La noche del día en que la señora Bellmont hubo descubierto tal fechoría sacó a colación el tema diciendo: "Presta atención a lo que te voy a contar. He dejado que Negra asista a esas reuniones vespertinas unas cuantas veces, y aunque no te lo creas, la he pillado leyendo la Biblia hoy mismo, como si esperase convertirse en una negra santurrona y quisiera ponerse a predicar a los blancos. Así que ya ves lo que se saca de enviarla a la escuela. Si se convierte, acabará yendo a todas las reuniones, al menos mientras James viva. Ojalá no tuviese tu hijo esas ideas tan raras sobre ella. Parece como si le pesase mucho el morirse y tener que dejársela en este mundo; e incluso dice que, en el caso de que mejorase de la enfermedad, se la llevaría a su casa o le daría una educación él mismo aquí. ¡Oh, qué horror! ¿Qué pretende realmente? ¡Tan preocupado está él también por ella! Dice que vamos a acabar con ella si la hacemos trabajar tanto y dormir en ese cuartucho. ¡Oh, John! ¿No crees que desvaría?".

"Sí, tiene razón. Es una criatura muy enclenque".

"*¡Sí*, tiene razón!", repitió con sarcasmo. "¿Que no sabes que estos negros son como esas víboras brunas que no hay quien las *mate*? Si no fuese fuerte, hace tiempo ya que estaría muerta. No he tenido jamás ninguna criada que haya sido capaz de hacer ni la mitad del trabajo que hace ella".

"¿Acaso lo intentaron?", comentó su esposo. "Creo que puede hacer más que todas ellas juntas".

"¡Pero qué hombre!", protestó ella malhumorada. "Lo que quiero saber es qué vamos a hacer si se vuelve tan religiosa".

"Deja que haga lo que le plazca. Si para ella es un consuelo, déjala que disfrute del privilegio de contarse entre los buenos. No veo por qué no".

"Estás delirando. ¿Qué acaso no te das cuenta de que acabará desapareciendo todas las noches para asistir a las reuniones? ¿Y que los domingos también se esfumará? Demasiado bien sabes que los domingos tenemos a mucha gente y que no podemos prescindir de ella".

"Creía que vosotros los cristianos no podíais pasar sin ir a misa los domingos", declaró el señor Bellmont.

"Claro que sí, pero ¿quién se iba a imaginar que también irían los negros, si no fuese para otra cosa que para conducir los coches de los demás? Claro, por lo que a ti y James respecta, dentro de nada la tendremos en el salón y vestida tan elegante como cualquiera de nuestras propias hijas. Es inútil hablar contigo o con James. De ser por ti, se podría marchar en menos de seis meses, y eso sí que no lo voy a consentir. Piensa solo en el provecho que le sacamos el verano pasado, que no tuvimos que emplear a nadie más, pues trabajó por dos...".

"¡Y las palizas que recibió también fueron por dos!", exclamó el señor Bellmont en tono acusatorio.

"Si no puedo aprovecharme de lo que vale de ninguna otra manera, voy a matarla a trabajar", replicó tajante la señora Bellmont. Mientras se sucedía esta escena, Frado intentaba rezar la plegaria del publicano: "¡Ten compasión de mí, que soy pecador!".[11]

---

[11] Lucas 18, 10-14.

# CAPÍTULO IX

## MUERTE

Disfrutamos ahora
de una pequeña parte de lo que los hombres llaman tiempo,
para comulgar.12

Con la llegada de la primavera James, en vez de recobrar la salud tal y como se esperaba, empeoraba por días. La tía Abby y Frado ayudaban a Susan en todo momento. La señora Bellmont no se atrevía a levantarlo, pues decía que no era "lo suficientemente fuerte".

Al mismo tiempo, le resultaba ofensivo que Nab estuviese siempre tan pendiente de su hijo. Muchas habían sido las indirectas que había soltado para que dejase de visitar con tanta frecuencia el cuarto del enfermo, pero la tía Abby estaba demasiado hecha a sus costumbres como para darse por avisada. Tras varios intentos fracasados, recurrió a la siguiente estratagema. Un día, mientras la oía cruzar la entrada de abajo y subir las escaleras, salió al descansillo y sujetó la aldabilla de la puerta que conducía a la planta superior.

"James no quiere verte ni a ti ni a nadie", le anunció.

La tía Abby vaciló y regresó despacio a su habitación, preguntándose si realmente James no deseaba verla. No volvió a intentarlo durante todo ese día, si bien no dejó de sentir una profunda zozobra y angustia por él. Le preguntó a Frado, quien le informó que el enfermo seguía igual. También la cuestionó sobre los deseos de este de no verla, pues no sabía muy bien qué podían significar.

A última hora de la mañana del día siguiente, Susan fue a ver a la tía para averiguar qué había sucedido.

"La madre de James me dijo que él no quería verme y no quise cansarle".

"Pero, tía, te puedo asegurar que *no* es así. ¿Con qué fin lo habrá hecho?", preguntó Susan.

A la siguiente ocasión que fue al salón preguntó a la señora Bellmont:

---

12 Henry Kirke White, "In the Prospect of Death", *The Poetical Works of Henry Kirke White* (London: Bell and Daldy, 1830, 79).

"¿Por qué la tía Abby no va a ver a James como suele hacer siempre? ¿Dónde se ha metido?".

"Supongo que estará en su cuarto. Al menos así lo espero", fue la respuesta.

"Imagino que vendrá dentro de nada a verlo", continuó Susan.

"Le dije que James no quería verla y que no fuese. Y haz el favor de no sulfurarte tanto", añadió dirigiéndole una de sus más ponzoñosas miradas.

Susan no dijo nada. Un día o dos después James comentó su ausencia. La familia se hallaba reunida comiendo y Frado se encontraba a su lado por si necesitaba algo. El enfermo preguntó por la causa de la ausencia de la tía y *Frado* se lo contó todo. Después de que algunos de los presentes se hubiesen retirado a sus aposentos, James le dijo a su esposa que fuese a por su tía, y cuando la anciana entró le cogió la mano y le dijo: "Tía, ven a verme con frecuencia. Ven siempre que quieras, porque mi corazón se regocija al verte. Me queda muy poco de estar contigo. Ven a menudo, tía. Ahora, haz el favor de acomodarme para ver si puedo descansar un rato".

Llamaron a Frado, a Susan y a la señora Bellmont también, y entre todas intentaron levantarle, pero la madre no tenía fuerzas suficientes y no se sintió capaz de colaborar en aquella tarea, por lo que fueron las tres restantes las que lograron aliviar los sufrimientos del doliente.

Frado regresó a sus quehaceres, seguida por la señora Bellmont. Pero Esta la agarró y le anunció que la iba a curar muy pronto de sus "chismorreos". A la sazón, tras obligarla a sujetar entre los dientes y atarse aquella funesta cuña de madera, le propinó una tunda de azotes con toda su saña. La tía Abby escuchó el estrépito de los golpes y se presentó para intentar detenerlos.

Azorada por la repentina aparición, la señora Bellmont paró, pero prohibió a Frado que se quitase la madera hasta que le diese permiso para hacerlo, al tiempo que ordenaba a Nab que se retirase a sus dependencias.

Con este cilicio en la boca se la encontró el señor Bellmont cuando, al entrar, empezó a hacerle preguntas y se percató de que no le respondía porque, claro está, estaba amordazada. Rápidamente la liberó de este instrumento de tortura y se marchó a buscar a su esposa. Omitiremos la conversación que tuvo lugar entre los dos. Baste con decir que estalló una tormenta que tardó muchos días en amainar.

Frado estaba enfermando gravemente, pues a la inapetencia y permanente cansancio se añadía un profundo desasosiego por el futuro. Quería rezar por el perdón e intentó elevar sus plegarias a Dios. Sin embargo, el ama le había avisado que orar le serviría de bien poco, pues la oración era para los blancos, no para los negros; y que con dejarse aconsejar por ella y obedecerle en todo tenía más que suficiente.

Esto no la satisfizo ni calmó sus anhelos, pues era consciente de que los mandatos del ama no se avenían con los del reverendo ni con los de la tía Abby, por lo que decidió perseverar en la fe y no decir nada al respecto, a menos que se le preguntase. A todos se les hizo obvio que la joven era presa de una gran zozobra por las trascendentales cuestiones entre las que se estaba debatiendo. James ansiaba hablar con ella a solas sobre lo que le sucedía, y en breve se presentó la oportunidad mientras tomaban el té. Era costumbre llamar a la tía Abby para que acompañase a Frado, pues se esperaba que James muriese de un momento a otro.

Al acomodarse en su asiento de siempre, él le preguntó: "¿No te da miedo quedarte a solas conmigo, Frado?".

"No", contestó ella mientras se levantaba y se acercaba a la ventana en un intento por esconder la emoción que la embargaba.

"Ven aquí y siéntate a mi lado. Deseo hablar contigo".

Se le aproximó y, después de cogerle la mano, James le dijo:

"¡Qué desdichada eres, Frado! Quiero que sepas que me temo que jamás volveré a tener ocasión de hablar contigo, pues es muy posible que Esta sea la última vez que lo haga. Eres lo suficientemente mayor como para acordarte de las palabras de este moribundo y sacarles provecho. Estoy enfermo desde hace mucho tiempo y dentro de muy poco moriré. El Padre Celestial me está llamando para ir con él. Si su voluntad hubiese sido dejarme vivir, te habría llevado conmigo a mi casa, pero como no es así, yo me iré y te dejaré. Pero, Frado, si eres buena, amas y sirves a Dios, no pasará mucho tiempo para que nos reunamos en aquella *seráfica* mansión, donde no hay enfermedad ni dolor".

Frado, conmovida por tamaña desolación, rompió en sollozos y escondió el rostro en la almohada del enfermo. Esperaba verlo morir, pero oírle a hablar a él mismo de su partida la sobrecogió.

"Despídete de mí, Frado".

Le dio un beso y se dejó caer de rodillas al lado de la cama. James, con los ojos cerrados, le puso la mano sobre la cabeza, mientras sus labios murmuraban una plegaria por aquella desconsolada criatura.

Entró su esposa y, tras contemplar la escena y entender lo que ocurría, le administró algunos paliativos y se retiró por un momento.

A Frado le costó un abrumador esfuerzo parar de llorar, pero no se atrevía a dejarse ver abajo hecha un mar de lágrimas. De esta manera, se tragó la aflicción que la ahogaba y bajó para proseguir con sus tareas. Susan percibió un cambio en su esposo y sintió que la muerte le rondaba cerca.

Él la miró con ojos llenos de ternura y le dijo: "Susan, esposa mía, ya nos hemos dicho adiós. Estoy preparado para partir. Nos volveremos a encontrar en el cielo. La muerte está apoderándose de mí con mucha rapidez. Deja que los vea a todos por última vez. Enseña a Charlie el camino del cielo. Tráemelo aquí".

La familia se reunió a su alrededor, pero el moribundo no encontró fuerzas suficientes para hablarles como era su deseo. Pareció como si se hundiese en la inconsciencia. Lo velaron durante muchas horas, en las que en algunos momentos la respiración se le hizo entrecortada. De repente, sin embargo, se despertó y exclamó: "¡Escuchad! ¿No lo oís?".

"¿Oír el qué, hijo mío?", preguntó el padre.

"Cómo me llaman. ¡Mirad, mirad a los que resplandecen! ¡Oh, dejadme que quiero descansar!".

Como si se encontrase a la espera de esta petición, el Ángel de la Muerte cercenó el hilo dorado y James se fue al cielo. El mensajero había arribado a medianoche.

Llamaron a Frado para que pudiese verlo en su última agonía. Arrodillándose a los pies de la cama, escondió la cara entre las sábanas y lloró desconsolada. La sacaron de la habitación, pues se encontraba demasiado absorta como para saber si era conveniente marcharse. Al día siguiente, siempre que tuvo oportunidad, entró en aquella cámara mortuoria para derramar amargas lágrimas sobre los despojos de su amigo y reflexionar sobre las últimas palabras que le había dirigido. Deambuló por la casa como un autómata. Realizó todas y cada una de sus tareas, pero sin pensar, lo que mostró cuán lejos se encontraban sus pensamientos. Susan quiso que asistiese al funeral como un miembro más de la familia. Se pensó que era mejor no enviar a buscar a Lewis, Mary y Jack, puesto que por la estación en que se hallaban, no tendrían tiempo de realizar el viaje. Susan buscó un vestido a Frado para la ocasión, lo que hizo suponer a la joven que le permitirían unirse al dolor que todos sentían por tan gran pérdida.

El día del sepelio iba vestida con el traje de luto, pero Susan, sumida en su dolor, había olvidado buscarle un sombrero. Registró a toda prisa los armarios y encontró uno de Mary, ribeteado con una cinta color rosa brillante.

Era demasiado tarde para cambiar aquel adorno y no quería dejar a Frado en casa, pues sabía que el deseo de James habría sido que ella la acompañase. De esta manera, Susan le ató aquel tocado y le dijo: "No importa, Frado. Quiero que sepas dónde enterramos a nuestro querido James". Mas al salir oyó los murmullos del acompañamiento: "¡Mira! ¡Habrase visto! ¡Mira lo que parece! ¡El vestido negro y la cinta rosa!".

En otra ocasión, Frado se habría sentido lastimada por comentarios de esta índole, pero ahora, comparados con la congoja que la embargaba, su gravedad era nimia.

Cuando vio cómo hacían descender el cuerpo a la fosa, le entraron deseos de compartir ese trayecto, pero todavía no estaba preparada para morir, puesto que, si así hubiese sucedido en aquellos momentos, no habría podido emprender el viaje hasta donde ya reposaba su amigo, pues ni estimaba a Dios, ni le servía, ni tampoco sabía cómo hacerlo.

Por la noche se retiró con el propósito de penar por su falta de preparación para ir al cielo y contemplar las estrellas que, pensaba, adornaban la entrada al paraíso en el que James descansaba en el regazo de Jesús, a quien dirigió sus deseos. Quería ver a Dios y preguntarle por la vida eterna. La tía Abby le había enseñado que Él siempre estaba observándola. ¡Ay, ojalá le viese y le escuchase decir palabras de perdón! Su angustia se agravó, al tiempo que su salud empeoró, y se vio forzada a dirigirse a la tía Abby para desvelarle los laberintos entre los que se estaba perdiendo su corazón.

La dama la recibió como se recibe al errante que regresa. La instó a aceptar a Cristo, le explicó cómo debía hacerlo, le leyó algunos pasajes de la Biblia y se los interpretó, puesto que se podían aplicar a lo que le estaba sucediendo. Le avisó que no ahogase aquella voz que la llamaba al cielo y, haciéndose eco de las palabras de despedida de James, le dijo que recurriese a ella con sus cuitas, y que no retardase una obligación tan importante como era la atención que debía a las verdades de la religión y a los intereses del alma.

De vez en cuando la señora Bellmont también le impartía alguna enseñanza, mas de muy distinta especie. Le decía que jamás iría adonde se hallaba James, por lo que era inútil que se desviviese por intentarlo, y que, si por una casualidad llegaba a ir al cielo, nunca alcanzaría el lugar tan alto en el que se encontraba él.

En realidad, era *él* lo que la atraía hacia ese lugar. Entonces, si no podía verlo, ¿para qué quería ir allí?

La señora Bellmont rara vez hacía mención de su desgracia a no ser que fuese en estas alusiones que hacía a Frado. Iba vestida de luto, porque así lo dictaban las convenciones sociales y el velo negro lo tenía a mano para ir a la iglesia los domingos, pero aparte de esto, todo seguía igual en ella, incluido el carácter despótico de siempre que no había sufrido ninguna variación.

El pastor de la iglesia hizo una visita a la familia para dispensar consuelo a la esposa y a la madre afligidas. Cuando la tía Abby lo vio aproximarse a casa, supo de inmediato cuál era el propósito de aquella visita y lo siguió al salón, sin que la señora Bellmont se lo hubiese pedido. ¡Qué atrevimiento tan ofensivo! El buen hombre cumplió con su deber de dar consuelo, como administrador de compasiones que era, a la en apariencia condolida madre, que hablaba como si fuese persona aleccionada en ambientes celestiales. La resignación que mostró fue tan admirable que habría podido honrar las tribulaciones de los más santos. Susan, que sufría en silencio, descubrió su alma a la conmiseración de aquel ministro en espera de alivio espiritual, mas únicamente fue capaz de responder a sus preguntas con monosílabos. Cuando el pastor ofreció el bálsamo de la oración, Frado se acercó a hurtadillas a la puerta para poder escuchar hablar del arrobamiento celestial de aquel que había sido su amigo en este mundo. La oración hizo que derramase abundantes lágrimas, como ocurre siempre con cualquier tierno recordatorio de lo divino. Cuando el reverendo dejó de hablar, Frado volvió a sus tareas y se limpió con sumo cuidado todas las huellas que en su persona había dejado el desconsuelo. El ama la siguió en breve tiempo e, irritada por la impudencia de Nab al presentarse sin ser requerida en el salón, reprendió a la joven por su indolencia y la instó a mostrarse más diligente. Herida por la inmerecida repulsa, abatida por la tristeza y la zozobra, las lágrimas empezaron a caerle por el oscuro rostro y pronto se convirtieron en sollozos entrecortados. Entonces, sin ya poder contenerse, dio rienda suelta a su desesperación y lloró a sus anchas. Fue un acto de desobediencia, ante el cual el ama cogió el látigo y causó un caudal mayor de llanto al herir a un espíritu que solo ansiaba piedad para curarse.

# CAPÍTULO X

## INCERTIDUMBRES... OTRA MUERTE

Bajo las olas del océano
tesoros escondidos aguardan la mano
que los hará emerger a la luz
con la varita mágica del buceador.

G. W. COOK [13]

Tras el fallecimiento de James, su esposa Susan y su hijo Charles se separaron de la familia y volvieron a su hogar de Baltimore. Se recibieron cartas de los hermanos ausentes en las que expresaban sus sentimientos y dolor. La figura del padre se doblegó como "la caña cascada" [14] bajo el peso de la pérdida del hijo amado. Ansió alcanzar la muerte de los justos, pero, consciente de que no se hallaba preparado, resolvió iniciar el angosto camino que lleva a la Vida y solicitar permiso para entrar por la puerta que lleva a la ciudad celestial. Reconoció su demasiado pronta aceptación a que la señora Bellmont privase a Frado durante semanas de consuelo religioso, el único privilegio del que gozaba en aquella familia. Por ello, rogó a su hermana que la volviera a llevar a las reuniones, lo que la tía Abby estaba más que dispuesta a hacer.

A la primera oportunidad que se ofreció, asistieron las dos juntas a la iglesia. El ministro conversó atentamente con todas las personas presentes y se sorprendió al descubrir la solicitud que mostraba aquella joven de color. A la sazón la encaminó con benevolencia hacia el manantial de la Vida donde podría lavarse y purificarse. Le preguntó por el origen de la angustia en la que vivía y por los cambios que había sentido nacer en su interior hasta ese momento, con el propósito de convencerla de que era a Jesucristo, y no a James, a quién debía ansiar ver en el Cielo. La invitó a visitarle en su casa para que le abriese su corazón, y la animó a rezar con devoción y a leer la Biblia con frecuencia.

---

[13] George W. Cook, "A Mother's Love", *The Guardian*, August 1859, 246..
[14] Mateo 12, 20.

Los vecinos que se encontraban en aquella reunión, entre ellos la señora Reed, comentaron lo que la señora Bellmont diría de todo aquello. La señora Reed fue la encargada de visitar a su vecina e informarla de que su criada de color "había relatado sus vivencias religiosas en la reunión de la otra noche".

"¿Qué vivencias?", espetó la señora Bellmont, como si aguardase oír el número de veces que había apaleado a Frado y la cantidad exacta de azotes referida en números arábigos.

"Pero, bueno, ¿acaso no sabéis que habla en serio? Así se lo hizo saber al ministro".

La señora Bellmont no respondió y muy hábilmente cambió de tema de conversación. A la mañana siguiente dijo a Frado que solo debía salir de casa para los recados y que, si no dejaba de hacerse la mística, la mataría de una paliza.

Frado se hundió en sus meditaciones. El ama era maestra de religión, pero *¿iría al cielo?* Porque si era así, ella ya no quería ir. Pero, además, en el caso de que estuviese cerca de James, ella tampoco podría gozar de la felicidad celestial viendo cómo esos ojos rabiosos la penetraban mientras ascendía por aquel camino. Decidió, pues, apartar todos los pensamientos de la vida futura y esforzarse por olvidar la amargura en que se hallaba sumida.

El señor Bellmont se vio incapaz de hacer lo que James o Jack habían hecho por Frado. Habló seriamente con ella y le confesó que habían sido numerosas las ocasiones en que la había visto castigada inmerecidamente. No quería que se mostrase impertinente o irrespetuosa, pero le dijo que cuando estuviese *segura* de que no se merecía los azotes intentase evitarlos. "Tienes aspecto de enferma", añadió, "ya no puedes seguir aguantando las palizas de antes".

No pasó mucho tiempo antes de que se presentase la oportunidad de poner en práctica sus consejos. La señora Bellmont la envió a buscar leña, y al no volver con la rapidez que esperaba, fue tras ella y le arrebató un palo del montón que llevaba con intención de descargárselo encima.

"¡Deteneos!", gritó Frado. "Si me pegáis, jamás volveré a trabajar para vos". Dejó caer la leña a tierra que había recogido y se quedó parada como aquel que siente la conmoción que transmite la libertad y la independencia de pensamiento. Acobardada por esta inesperada manifestación de la criada, el ama tiró el arma, desistiendo con el gesto de su propósito de escarmiento. Frado se encaminó hacia la casa, seguida por aquella mujer que ahora acarreaba la leña que ella misma había mandado buscar. Hasta ese instante no había sabido que poseía autoridad para frenar aquellas agresiones. La sensación de triunfo que se apoderó de Frado al ver entrar al ama con la *carga* la recompensó por buena parte de sus anteriores sufrimientos.

La señora Bellmont se alzaba en toda su majestuosidad solo cuando tenía asegurada la victoria. Sin embargo, en esta ocasión no se escuchó, como en tantas otras, el acostumbrado "a continuación, aplausos".

Transcurrió un año en el que se sucedió la acostumbrada cantidad de reprimendas, si bien la de azotes disminuyó. La señora Bellmont ansiaba el regreso de Mary, que había estado ausente durante aquellos meses, y le escribió pidiéndole volver con la mayor celeridad posible. Al cabo de poco llegó una carta de respuesta anunciando que cumpliría los deseos de la madre en cuanto se recuperase lo suficiente de una dolencia que a la sazón la retenía.

Ninguno de los dos progenitores se desvivió por la comunicación, si bien siguieron esperando el anuncio de su llegada por correo. El arribo de otra carta trajo aviso de que Mary se hallaba gravemente enferma y requería la presencia de su madre.

La señora Bellmont partió sin demora, pero antes de llegar a su destino, se recibió otra carta dirigida a los padres en la que se comunicaba el fallecimiento de la hija.

En cuanto se supo la sorprendente noticia, Frado corrió a la habitación de la tía Abby y dando voces, exclamó: "¡Ha muerto, tía Abby!".

"¿Quién?", preguntó la dama asustada por aquel anuncio imprevisto.

"Mary. Acaban de recibir una carta".

Como la señora Bellmont se encontraba de viaje, los hermanos estaban a sus anchas para consolarse el uno al otro, y la tía Abby, compungida por este reciente trance, buscó al señor Bellmont para darle todo el alivio que pudiese, enterarse de los detalles que habían rodeado el fallecimiento de Mary y ayudarle a preparar el desplazamiento hasta el lugar del sepelio.

A Frado le pareció que había llegado el momento de elevar una oración de agradecimiento a Dios. Cada una o dos horas entraba en el cuarto de la tía Abby con algunos curiosos interrogantes.

"Ha vuelto a caer en el *río*, ¿verdad, tía Abby? El Jordán es muy caudaloso y es fácil caer en sus aguas. Pero si va al infierno, se hará tan negra como yo. ¡El ama se volvería loca de verla convertida en una negra!", y otros comentarios de tono similar, totalmente inaceptables para aquella devota y compasiva dama que, sin embargo, no podía evadirlos.

La familia regresó de aquel triste viaje, habiendo dejado atrás a la hija fallecida. Negra intentó percibir algún cambio en su tirana, pues si la pérdida de su ídolo no la amansaba, ¿qué lo haría?

Jamás habían visto a la señora Bellmont derramar tantas y tan amargas lágrimas como cuando relató a unos y a otros las penosas circunstancias de la enfermedad y fallecimiento de su querida hija. Transcurrió una época de sosegada aflicción, en realidad la calma pasajera que se da antes de que estalle la tormenta. Unas pocas semanas bastaron para reavivar las antiguas tempestades, que ahora parecían estar tan reñidas con aquel sufrimiento santificado que llevaron a Frado a la convicción de que no debía tolerarlas. Resolvió huir. Pero ¿adónde? ¿Quién la aceptaría? Como la señora Bellmont siempre le había dicho que era fea, y era muy posible que todos pensasen lo mismo, nadie la querría. Negra y sin persona alguna que le tuviese afecto, se vería irremediablemente forzada a regresar y a la sazón estaría más que nunca a merced del ama.

Entonces se acordó de la victoria que había logrado con la leña y decidió quedarse e intentar malvivir como pudiese, hacer valer sus derechos cuando se los pisoteasen y reemprender las reuniones vespertinas, a las que le habían prohibido asistir. Había aprendido a imponerse, pero no abusaría de esa nueva autoridad mientras estuviese en casa el señor Bellmont.

Sin embargo, ¿no le convendría más huir? Pero ¿adónde? Nunca se había alejado lo suficiente de aquella casa como para decidir la ruta por la que debía encaminarse. Determinó hablar con la tía Abby, *quien* le hizo un esbozo de los peligros que encerraba lo que quería hacer y de las pocas probabilidades de que hallase amigos tan generosos como John o ella misma. Frado no paró de darle vueltas y más vueltas a la cuestión durante días y noches, en los que incluso en algún momento contempló la posibilidad de envenenar al ama para librarse ella y toda la familia de aquel mal bicho.

Mas la Providencia la retuvo y al final se resignó a quedarse hasta la fecha en que expirasen sus años de servicio, que sería cuando alcanzase los dieciocho años de edad.

Al cabo de unos pocos meses Jane regresó al hogar con su familia para aligerar las cargas de sus progenitores, en quienes los años y las muchas aflicciones habían ido dejando huellas de su paso. El tiempo que había transcurrido desde que ella se hubo marchado de casa había, en alguna medida, mitigado la oposición que habían mostrado por su matrimonio con George. Sin embargo, cuanto más solícita se mostraba ella con la señora Bellmont, más vehementes se tornaban sus facultades de mando y sus inclinaciones a encontrar faltas a todo. A pesar de las desgracias ocurridas, su despotismo no había disminuido, por lo que Jane, tras repetidos y vanos esfuerzos, acabó sintiéndose resentida, desfallecida y perpleja; y decidió que, aunque su madre tuviese que padecer, no era capaz de seguir soportando lo que sucedía en aquella casa. Ella y su familia se fueron al Oeste, donde se encontraba Jack, y de esa manera todas las esperanzas que Frado había alguna vez albergado de compasión y consuelo por parte de Jane se desvanecieron. Parecía como si la única persona con valor suficiente para soportar la asfixia que presidía en aquel hogar fuese ella. Frado se volvió, pues, hacia el ignoto futuro con la determinación que ya había tomado de permanecer entre aquellas cuatro paredes hasta cumplir los dieciocho años. Jane le suplicó que se reuniese con ella en cuanto llegase aquel momento de liberación. Sin embargo, Frado se sentía tan hastiada del ama que estaba dispuesta a huir de cualquier persona que tuviese cualquier similitud con ella en nombre o en parecido físico.

# CAPÍTULO XI

## UN NUEVO MATRIMONIO

Crucificadas fueron las esperanzas que una vez me alegraron,
todo aquello que con la tierra me congraciaba;
amor a las riquezas, a la fama y al poder,
amor, todo crucificado fue.

C. E.[15]

La oscuridad precede al día. Jane se marchó, pero Jack regresó. Tras la muerte de Mary había vuelto al hogar, si bien había dejado a su esposa en casa. Una huérfana, que vivía con una pariente, y que era la personificación misma de la bondad y el afecto, una verdadera compañera para el generoso y compasivo Jack. Su madre no la conocía, claro está, por lo que se sentía con todo el derecho a interrogarle:

"¿Es hermosa, Jack?", le preguntó la señora Bellmont.

"A mí me lo parece", fue la respuesta lacónica del hijo.

"¿Era rico su *padre*?".

"Que yo sepa no tenía ni un centavo. Pero nunca se lo pregunté", contestó Jack.

"Si no posee bienes, ¿para qué te has casado con ella?", inquirió la madre.

"Porque vale *millones*, madre, aunque en dinero ni un centavo".

"¡Jack! ¿Para qué quieres que un ser tan miserable sea de nuestra familia? Más te vale quedarte aquí en casa con nosotros y dejar a esa mujer. ¿Por qué no has intentado hacer un casamiento mejor y no deshonrar a tus padres de esta manera?".

"No la juzgues hasta verla", fue la contestación de Jack, quien de inmediato cambió de tema de conversación. La para ella nada halagüeña presentación que el hijo había hecho de su esposa no había complacido a la señora Bellmont, quien no se sentía con ganas de recibirle con cordialidad ahora que llegaba acompañado de su mujer. Jack se había enfurecido por aquel consejo materno de que la abandonase, y aquella mera insinuación le seguía enconando el alma. Además,

---

[15] Carrie Calderwood, "Crucified", *Godey's Lady's Book and Magazine*, enero 1859, 62.

ahora venía con más acompañamiento, pues también traía a su hijo. Había decidido abandonar el Oeste, pero no a su familia.

A su llegada, la señora Bellmont recibió con frialdad a su nueva hija, de cuyo vestido no despegaba los ojos. La pobreza le resultaba una desgracia, por lo que nunca se había querido relacionar con nadie marcado con tal lacra. Esta displicencia fue advertida por la meritoria esposa, quien redobló sus esfuerzos por hacerse más complaciente con obsequiosos y cautivadores modales.

La señora Bellmont no dejó pasar ni una ocasión en que Jack se encontrase a solas con ella para quejarse de este u otro defecto de su esposa.

Al joven no le importaban estas quejas mientras fuese él el único a quien le taladraban los oídos, pues no estaba dispuesto a que Jenny se inquietase. Mientras tanto se pasó el tiempo buscando ocupación hasta que llegó una carta de su hermano Lewis, a la sazón en el Sur, en la que solicitaba sus servicios. Dejó a su esposa al cuidado de sus padres y se trasladó allí.

La señora Bellmont se percató de que el mayor impedimento había desparecido y de que Jenny se encontraba más que nunca a su capricho. Ansiaba rebajarla, hacerle sentir su inferioridad y sobre todo, aliviar a Jack de aquella carga, ya que él mismo no parecía dispuesto a hacerlo. No le quitaba ojo con el fin de intentar pillarla cometiendo alguna imprudencia por la que pudiese urdir una historia de infidelidad conyugal.

En las cercanías vivían unos primos, uno de los cuales tenía la misma edad que Jack. Este, por consideración a su primo, brindaba toda la cortesía requerida a aquella pariente desconocida. En breve le llegaron noticias a Jack de que Jenny había infringido los sacrosantos votos matrimoniales, pues había iniciado una amistad íntima ilícita con su propio primo. Mientras tanto, a Jenny su suegra le comunicó que Jack no se había casado libre de trabas, ya que tenía otra enamorada con la que estaría, incluso entonces, muy dispuesto a contraer matrimonio, por lo que no le debía extrañar si no volvía jamás a por ella.

El inoportuno parloteo de la señora Bellmont afligía sobremanera a Jenny, que, al contemplar a su hijo, pensaba que, por muy veraces que fuesen aquellas revelaciones, todavía le quedaba una prenda por la que su marido se hallaba encadenado a ella. No tardó en pasar mucho tiempo antes de que aquel odio inextirpable de la madre se difundiese a la casa de una de sus vecinas y se extendiese como la pólvora, hasta que el secreto dejó de ser tal secreto y se vieron obligados a llamar a Lewis, el hermano que había procurado empleo a Jack. Los vecinos empezaron a notar cómo la salud y la disposición de Jenny desfallecían por días, al tiempo que descubrieron unas cartas escritas por el esposo a la esposa, y viceversa, que nunca habían llegado a su destino. Pero Lewis llegó con la buena noticia de que venía a llevarse a Jenny con él.

¡Qué alivio fue para la joven liberarse de las vejatorias calumnias de aquella adversaria!

Jenny se retiró para emprender los preparativos del viaje, mientras la señora Bellmont y Henry[16] sostenían una larga conversación. A la mañana siguiente él informó a Jenny de que le hacían falta algunos trajes nuevos con los que pudiese comparecer adecuadamente ante la sociedad de Baltimore, y de que regresaría sin ella, puesto que debía quedarse allí hasta que estuviese convenientemente equipada con los nuevos atavíos.

Descorazonada, corrió a su habitación y, tras derramar algunas lágrimas que la calmaron, escribió a Jack para que la compadeciese y regresase a por ella. No obtuvo ninguna respuesta. La señora Smith, una vecina atenta y afable, le recomendó que escribiese desde algún lugar fuera de aquella casa y que, para eludir a la señora Bellmont, se sirviese de alguien que le llevase la carta a la estafeta de correos, pues no ignoraban que había sido ella misma quien había interceptado la carta que la joven había escrito a su esposo y quien había convencido a Lewis para que la dejase allí. Jenny aceptó el ofrecimiento y fue Frado quien colaboró. De esta manera, en pocos días Jack se presentó para rescatarla, indignado, resentido y, después de lo sucedido, dispuesto a apartarse para siempre del hogar de su infancia y de su madre. Muchas fueron las veces que Frado se coló en la habitación de Jenny, pues advertía la tortura que le estaba causando la malignidad del ama. Entonces le relataba algunos de los suplicios que ella misma había tenido que padecer por culpa de aquella mujer y la consolaba diciéndole que se tranquilizase, que aquel trato no la mataría, puesto que si produjese ese efecto ella ya habría estado muerta hacía tiempo.

Susan y su hijo reemplazaron a Jenny en la cadena de visitas. Frado se convirtió en mujer, y como guardaba en su interior todavía mucho de lo que había aprendido, a pesar de los escasos privilegios que había disfrutado en los años anteriores, trató con todas sus fuerzas alimentar sus capacidades intelectuales. Los libros escolares eran sus compañeros más constantes y les dedicaba todos los momentos de ocio de

---

[16] Wilson dice en el original, que hemos querido conservar en la traducción, "Henry", cuando en realidad, por el sentido, se refiere a Lewis.

que disfrutaba. Susan se sentía enormemente complacida al ser testigo de sus progresos y, para Frado, los libritos que en ocasiones recibía de ella eran recompensa suficiente por cualquier tarea que se veía obligada a cumplir por pesada que fuese. Allá donde iba llevaba el libro detrás, abierto, para echarle una ojeada y poder pasar del trabajo al desahogo espiritual. La primavera siguiente daría por finalizado el cupo de tiempo que la señora Bellmont exigía como período de sus servicios. Mientras iba dejando atrás los mojones de años anteriores solía reflexionar sobre su situación y preguntarse si algún día llegaría a apañárselas para proveer por sus propias necesidades. Su salud era delicada, pero decidió intentarlo.

En breve pasó a contar los días que faltaban para su liberación. La señora Bellmont no ignoraba que le resultaría difícil prescindir de aquella que con tanta facilidad se había adaptado a sus dictámenes en todo lo referente a las necesidades domésticas, como jornalera, recadera, gobernanta, criada, etc. En consecuencia, imploró a la señora Smith que hablase con Frado y le hiciese ver qué ingratitud sería dejar aquel hogar lleno de comodidades y qué inicuo era aquel desagradecimiento. Mas Frado contestó diciendo que estaba hastiada de aquellas comodidades y que quería otras nuevas; y que como era tan inicuo ser desagradecida, huiría de la tentación, puesto que era la misma tía Abby quien siempre repetía que "no hemos de ponernos en el camino de la tentación".

¡Pobrecito Fido! Más lágrimas derramó por él que por todos los demás juntos.

Amaneció el día de su partida. Frado encontró ocupación como criada de una familia que vivía a una milla de distancia. La señora Bellmont la despidió con la advertencia de que tenía la certeza de que en muy poco tiempo se deliraría por regresar y con el obsequio de medio dólar de plata.

Su guardarropa consistía en un único vestido decente, sin ningún otro complemento superfluo. Una Biblia que le había regalado Susan constituía su mayor tesoro.

Ahora se hallaba sola. Durante el último año había sufrido mucho como consecuencia de una caída que la había dejado coja.

El primer verano pasó muy placenteramente y el salario que ganó lo gastó en ropa necesaria para su bienestar e higiene. Se sentía endeble, pero satisfecha de las mejoras que había conseguido. Encerrada en su habitación, tiempo después de que sus quehaceres hubiesen terminado y tras examinar los miserables trajes que componían su ropero, decidió por primera vez ponerse a coser sus propias prendas.

La señora Moore, la dama para quien trabajaba, se comportaba con ella como amiga amable e intentó curar aquel espíritu magullado con conmiseración y buenos consejos, pues se proponía que la joven enterrase el pasado con las ilusiones del futuro. Sin embargo, la declinante salud de Frado era una nube que la generosidad de ninguna persona podía disipar. Solo se veía con ánimos de realizar pequeñas tareas que no requiriesen mucho esfuerzo. Como su compromiso con la señora Moore finalizaba en otoño, un reverendo, con una familia no muy numerosa, la buscó para emplearla en su casa. Frado se desvivía por mantener la reputación que tenía de dispuesta y con frecuencia se extralimitaba en sus desvelos, pues iba más allá de lo que la prudencia aconsejaba. Durante el invierno dejó casi enteramente de trabajar y le fue ya imposible negarse a sí misma que se encontraba gravemente enferma. La señora Hale, al cargarse con ocupaciones adicionales, también se indispuso, y se hizo necesario adoptar algunas medidas para que Frado se restableciese y pudiese aliviar a su patrona. Mientras se hallaba encamada, solitaria y afligida, quedaba sumida en presentimientos tan agoreros que por mucho que suspiraba o gemía no lograba disipar.

El médico de la familia dictaminó que su caso era de dudoso diagnóstico, pero Frado albergaba la esperanza de que hubiese llegado su final. No sentía pesar de que su antiguo hogar se encontrase abandonado, pues si estaba necesitada de socorro, como a la sazón lo estaba, ¿podría recurrir a aquellos que se lo concederían de tan mala gana? Se solicitó la ayuda de aquella familia y se decidió trasladarla allí. Se la alojó en unas dependencias separadas del edificio principal, que antaño habían sido utilizadas como cobertizo, y donde el frío y la lluvia entraban sin obstáculo alguno. Aquí Frado se debatió entre amargos recuerdos e ilusiones futuras, hasta que dejó de inquietarse por su fe, sus esperanzas y su misma persona, y acabó medio deseando terminar con lo que la naturaleza parecía tardar tanto en arrebatar.

La tía Abby le hacía frecuentes visitas y al final hizo que la trasladasen a su propio cuarto, donde ella misma quería atender a sus necesidades y volver a aleccionarla en los asuntos celestiales.

Entonces la familia deliberó.

"¿Qué se va a hacer con ella después de cambiarla a los aposentos de Nab?", preguntó la señora Bellmont.

"Mandar a buscar a tu hermano médico", respondió el señor Bellmont.

"¿Cuándo?".

"Esta misma noche".

"¡Esta misma noche! ¡Por ella! Esperémonos hasta mañana", continuó la señora Bellmont.

"Ya lleva demasiado tiempo esperando y creo que se debería poner remedio lo antes posible".

"Tengo yo mis dudas de que esté tan enferma", interrumpió tajante la señora Bellmont.

"Bien, veamos lo que opina tu hermano".

Frado ansiaba la llegada del doctor, pues lo conocía bien por los largos años pasados en aquella familia, y porque, además, sabía que le salían del corazón los elogios que siempre le había dirigido por lo muy deliciosos que le resultaban el queso y la mantequilla que ella preparaba para su casa.

"Estás enferma, seriamente enferma", dijo tras una ojeada y después de una pausa. "Abby, cuídala mucho o no se recuperará. Está completamente extenuada".

"Sí, la culpa la tiene todo lo que ha tenido que hacer en casa de la señora Moore, pues los últimos tiempos que estuvo aquí no hizo casi nada", dijo la señora Bellmont.

"Lo que la aqueja se remonta a tiempos muy anteriores al último verano. Atiéndela bien o no mejorará", aconsejó el doctor.

"No te vamos a pagar por visitarla. Que lo haga la beneficencia, si quiere", dijo la señora Bellmont disponiéndose a abandonar inmediatamente el cuarto.

"¡Dios mío!, ¡Dios mío!", exclamó Frado mientras escondía el rostro en la almohada.

Oyó unas pocas palabras de consolación y volvió a quedarse sola en aquella oscuridad que la había rodeado en días pasados. Sin embargo, tenía el pleno convencimiento de que, al encontrarse menesterosa, le debían cobijo y atención, por lo que decidió tener paciencia y quedarse allí hasta poder valerse por sí misma. La señora Bellmont se negó a cuidarla y a permitir que su criada estuviese con ella. La tía Abby era su único consuelo. Los desvelos de la dama lograron el efecto deseado y Frado empezó muy poco a poco a mejorar. En cuanto tuvo arrestos suficientes para poder dejarse mover, la generosa señora Moore se la llevó a su casa y completó lo que la tía Abby había iniciado con tanto esmero. No es que se hubiese curado o que alguna vez pudiese llegar a curarse del todo, pero sí que se había recuperado lo suficiente como para albergar esperanzas de que en el futuro sería capaz de satisfacer por sí misma sus propias necesidades. El reverendo en cuya casa se había indispuesto buscaba ahora a alguien que se ocupase de sus hijos enfermos, y en cuanto supo de su recuperación volvió a solicitarle sus servicios.

Lo que para los demás parecía fácil y sencillo, a Frado se le hacía una montaña, y por este motivo resultó necesario volver a hacer indagaciones para ver qué domicilio recibiría en asilo a la enferma. Todos parecían estar de acuerdo en que el lugar en el que su salud había iniciado su ocaso fuese el sitio de acogida, y de esta manera recurrieron de nuevo a aquella familia.

"No", exclamó indignada la señora Bellmont. "Jamás volverá a poner los pies en esta casa. ¡Jamás! ¡Jamás!", repitió, como si con cada repetición pasase un cerrojo que impidiese la entrada a aquella criatura.

Únicamente quedaba una salida: la sociedad debía sufragar los gastos derivados de la enfermedad de Frado. En consecuencia, fue trasladada a la casa de dos damas solteras (ancianas), cuyos rectos principios las animaban a embolsarse el dinero que la sociedad caritativa pagaba.

Tres años de calamitosas dolencias habían consumido a Frado, pero sin acabar de extinguir una vida en apariencia tan enclenque. Al cabo de dos años de haberla cuidado, estas damas empezaron a cansarse y al final pidieron a las autoridades que trasladasen a la enferma a otro lugar.

La señora Hoggs era amante del oro y de la plata y solicitó permiso para llenarse las arcas cuidando a la inválida. El traslado, sin embargo, fue causa de un alarmante empeoramiento.

Frado, incorporada entre almohadas en la cama, hallaba fuerzas para utilizar las manos y coser, mitigando así el tedio. Durante el primer año después de liberarse de las garras de la señora Bellmont, se había convertido en una experta de la aguja y no había olvidado su destreza. La señora Hoggs elogió su arte y, al verla mejorar de salud, quiso emplearla. Le dijo que de esta manera podría renovar su guardarropa y que, como el alojamiento estaría pagado, Frado podría ganarse algún dinero.

Muchas fueron las ocasiones en que sus manos no pararon de trajinar mientras el cuerpo le clamaba de dolor, mas la esperanza de que con ello estaba contribuyendo a sufragarse sus propias necesidades la empujaba a continuar.

Calculó que con aquella costura sus ganancias debían ascender a unos cuantos dólares y no veía el momento en que podría contarlos con sus propias manos. Sin embargo, ¿cuál fue su estupefacción cuando la señora Hoggs le anunció que la había denunciado al médico y a los empleados municipales por impostora, puesto que era perfectamente capaz de levantarse e ir a trabajar?

La maledicencia de la mujer le provocó una nueva y gravísima recaída de dos semanas durante las cuales la señora Moore volvió a por ella y se la llevó a su casa. En los pasados años esta dama había dispuesto de una notable riqueza, pero la desgracia se la había arrebatado, aunque a cambio le había abierto el corazón a una conmiseración y a una caridad que jamás había sentido mientras había durado la opulencia. Estafado por unos parientes de la familia de los Bellmont, su esposo se había marchado al Oeste y se había puesto a ganar el pan con el sudor de su frente, mientras dejaba a su esposa y a sus cuatro hijos en casa. Sin embargo, la señora Moore estaba convencida de que la benevolencia le exigía dar cobijo a aquella que era merecedora de aquel hospitalario recibimiento. La dama llamó a su médico, quien certificó la gravedad de la joven. Animó a la señora Moore a que la continuase socorriendo y cuidando, y le anunció que sería él mismo quien informase a las autoridades del desamparo de Frado y quien solicitaría asistencia.

Aquí permaneció hasta recuperarse lo suficiente como para volver a la labor de costura. A la sazón volvió a sentir aquel antiguo deseo de mantenerse por sí misma y desprenderse de la ingrata beneficencia pública.

Se enteró de que en algunas ciudades de Massachusetts se empleaba a las jóvenes para confeccionar sombreros de paja, una actividad sencilla y provechosa. Pero ¿cómo podría *ella*, negra, enfermiza y miserable, encontrar a alguien que le enseñase? Mas el hombre propone y Dios dispone. En aquella localidad vivía una mujer sencilla y pobre, capaz de ver el valor que se escondía bajo la piel oscura, y cuando la mulata inválida le contó sus tribulaciones, aquella le abrió la puerta de su casa y de su corazón y la acogió. Hábil con la aguja, Frado pronto igualó la pericia de su maestra, quien también quiso enseñarle la importancia de los libros valiosos. De esta manera, mientras una leía en voz alta a la otra sobre hechos históricos y nombres famosos, Frado experimentaba un nuevo e irrefrenable impulso: se sentía capaz de alcanzar cumbres más elevadas en la vida. Advirtió que el saber que encerraban aquellas páginas la imbuía de un vago desasosiego que hacía mucho tiempo que no sentía y que no podía expresar con palabras. Cada momento de ocio lo dedicó cuidadosamente a aprender, de manera que aquella joven de apariencia devota y cristiana empezó a ganarse la confianza de las gentes de aquel pueblo. En definitiva, pasó muchos meses de tranquilidad, al tiempo que se ganaba el aprecio y la confianza de sus vecinos y nuevos amigos.

# CAPÍTULO XII

## DESENLACE

No hay nada nuevo bajo el sol.

SALOMÓN

Hace unos años, dentro de la misma época que abarca mi narración, empezaron a aparecer en algunos de nuestros pueblos de Nueva Inglaterra algunos fugitivos huidos de la esclavitud, que relataban sus experiencias personales con un lenguaje sencillo y que despertaban la indignación de los que no poseían esclavos contra los hermanos que estaban a favor de la institución. Uno de aquellos supuestos fugitivos apareció en el nuevo hogar de Frado, y como la gente de color era rara por aquellos lares, no resulta extraño que el hermano de piel oscura se sintiese atraído por la joven; que preguntase por ella; que lograse encontrarse con ella; que su corazón se estremeciese al verla; que juguetease con sus rizos aterciopelados; que se sintiese henchido de orgullo cuando le arrancaba una sonrisa y ella le dejaba contemplar aquel marfil oculto por los finos y encarnados labios; que le fascinase el centelleo de sus ojos; en fin, que le propusiese matrimonio. Un período de relaciones tan breve constituía desde luego un impedimento, pero Frado se encontraba con él con frecuencia y pensaba que había llegado a conocerlo bien. Él, por su parte, nunca hablaba de los años que había pasado como esclavo cuando estaban a solas, mas ella estaba convencida de que, como sus propios padecimientos, remover el pasado más de lo necesario resultaba enormemente doloroso.

Era un negro franco, bien dispuesto, de andares erguidos, como si nunca se hubiese doblegado bajo el peso de carga alguna, y cuya espalda no mostraba ninguna señal de haber sido azotada. Su persona emanaba una comprensión que no necesitaba palabras y que atraía a Frado. Entonces ella abrió su corazón a la presencia del amor, ese arbitrario e inexorable tirano.

Se trasladó a Singleton, su primer lugar de residencia, y allí se casaron. Aquí fue donde Frado experimentó por primera vez los sentimientos de confianza y paz que acompañan a uno cuando reposa sobre un brazo amable. Advirtió, también por vez primera, el alivio que se siente cuando se tiene a alguien en quien confiar las necesidades de la vida. En algunas ocasiones, sin embargo, él la dejaba para irse a pronunciar "conferencias".

Estas giras muchas veces se prolongaban semanas enteras. Claro está que él no disponía de muchos medios, por lo que Frado, que había empezado a sentir lo que era ser dependiente de sí misma, se vio obligada a depender de sí misma. Samuel se mostraba generoso con ella cuando se hallaba en casa, pero no le aseguraba el porvenir durante sus ausencias, que al final acabaron por ser inexplicables.

Finalmente la dejó a su suerte, pues se embarcó despidiéndose con la confesión de que jamás había visto el Sur y de que sus arengas de analfabeto no eran más que patrañas para saciar a aquellos hambrientos abolicionistas. ¡Otra vez sola! Pero no totalmente. Un compañero todavía más reciente estaba a punto de irrumpir en su vida. Nadie la querría con tales perspectivas, puesto que, si ella sola ya era una carga, ¿quién aguantaría a otra más?

La miseria en que se hallaba dejó prácticamente postrado su cuerpo y de nuevo se vio obligada a confiar en la beneficencia para continuar sobreviviendo. A la sazón alumbró a su hijo. Samuel, que había estado ausente largo tiempo, regresó inesperadamente y la rescató de la caridad pública. Después de recuperarse de aquellas dolencias naturales, volvió a trabajar, pero ahora para ella y para su hijo en una habitación alquilada a una mujer de escasos recursos, si bien con mejor fortuna que ella. Alguien tan apreciado no podía ser olvidado del todo. Unos amigos generosos la socorrieron cuando Samuel se fue lejos del hogar e impidieron que sufriese más calvarios. Cuando el frío empezó a apretar, una caritativa amiga los acogió a ella y a su hijo y los protegió de la intemperie. Al final los negocios de Samuel lo absorbieron por completo, y tras un largo período de ausencia, llegaron noticias a la familia de que en Nueva Orleans había sucumbido víctima de los estragos que estaba causando la fiebre amarilla.

El trabajo necesario para sostenerla a ella y a su hijo era más de lo que Frado podía soportar. En cuanto el bebé pudo alimentarse sin la madre, lo dejó al cuidado de la señora Capon y se buscó una actividad con la esperanza de recuperar la salud y ganar lo suficiente, sin trabajosos esfuerzos, para cuidar de su retoño y de sí misma. Esto le procuró ingresos más sustanciosos de lo que nunca antes había logrado. Recorrió varias ciudades del estado en el que residía, y luego de Massachusetts. Algunas de sus peripecias fueron ciertamente curiosas. Estuvo vigilada por cazadores de esclavos y fue maltratada por supuestos abolicionistas, de aquellos que no querían esclavos en el Sur, ni negros en sus propios hogares del Norte. ¡Qué horror tener que alojarles en casa! ¡Tener que comer con ellos! ¡Tener que dejarles entrar por la puerta principal! ¡Tener que sentarse a su lado! ¡Qué asco!

Las muchas trampas puestas por aquellos malvados para atraparla fueron esquivadas con resolución por Frado. En uno de sus viajes, el estado de Providence le otorgó una amiga que sintió conmiseración por su triste suerte y que le regaló generosamente una receta muy valiosa, con la que ella misma podría confeccionar un artículo muy útil que le ayudaría a ganarse la vida. De esta manera, Frado consiguió un modo de manutención más placentero y fácil.

Y así hasta el momento presente, donde la podéis contemplar ajetreada mientras prepara su producto, luego sale a la calle a venderlo y se encuentra con muchas negativas, pero también con amigos y compradores amables. No hay nada que la disuada de su férreo propósito de aprender cada día más. Con la confianza depositada en Dios, ha recorrido mucho trecho sin que la acechase ningún peligro. Todavía inválida, os ruega vuestra comprensión, gentil lector. No la rechacéis si alguna parte de su historia os resulta desconocida, porque no lo es al Todopoderoso omnisciente. Ya se ha descubierto lo suficiente como para pediros vuestra caridad y vuestro socorro.

¿Os preguntáis por el destino de las personas que aparecieron al *principio* de su historia? Hace solo unos años que el señor y la señora Bellmont partieron de este mundo. Al hacerse mayor, la señora Bellmont se fue convirtiendo en una persona cada vez más irascible, hasta el punto de que ni siquiera sus propios hijos podían tolerarla. Su esposo la acompañó a casa de su hijo Lewis, donde tras una agonía inenarrable falleció. Unos pocos meses después subió a los cielos la tía Abby. Jack y su esposa también descansan en el cielo sin que nadie les moleste. Susan y su hijo todavía se cuentan entre los vivos. Jane luce rizos plateados en vez de aquellos bucles rojizos, pero todavía conserva el antiguo amor de Henry,[17] y jamás se ha arrepentido de cambiar de enamorado. Frado se ha borrado de sus recuerdos, como José de los del despensero, pero ella seguirá recordándolos hasta más allá de la muerte.

---

[17] En el original, que hemos querido conservar en la traducción, la autora confunde el nombre del amado de Jane. En realidad, debería referirse a George. Ver nota 14 del artículo de John Ernest "Economies of Identity: Harriet E. Wilson's *Our Nig*" (1994).

## APÉNDICE

"La verdad es más extraña que la propia ficción", y quienquiera que lea la historia de Alfrado descubrirá que esta aseveración es cierta.

Conocí a la autora de este libro hace unos ocho años y para mí es un privilegio poder decir unas pocas palabras a su favor. A través de un conferenciante de color itinerante, llegó a W—, Massachusetts. Es esta una ciudad vetusta, donde las madres y las hijas buscan no "la lana y el lino", sino *la paja*, que trabajan muy a gusto con sus propias manos. Aquí conoció a la familia de la señora Walker, quien generosamente consintió en acogerla como huésped en su casa y quien de inmediato le procuró un empleo de "costurera de paja". Como es persona de gran inteligencia, muy pronto aprendió el arte de confeccionar sombreros, mas por culpa del cruel trato que había recibido con anterioridad, su salud se resintió y a temporadas se vio aquejada de graves recaídas. Por este motivo, la señora Walker le proporcionó un cuarto contiguo al suyo, donde podía acudir a atenderla sin que ella tuviese que esforzarse en gritar. Jamás olvidaré la expresión de aquel rostro "cetrino, pero bien parecido", cuando vino a visitarme un día y exclamó: "¡Oh, tía J—, por fin he encontrado un *hogar*, y no solo un hogar, sino una *madre* también. Rebosante está mi copa.[18] ¿Cómo pagaré al Señor todas las mercedes que me ha otorgado?".

Transcurrieron los meses y ella se encontraba *feliz*, verdaderamente satisfecha y contenta. Su salud empezó a mejorar gracias al magnífico sol que le iluminaba la vida, e incluso miraba al futuro con *esperanza*, con una gozosa ilusión hacia aquel porvenir. Sin embargo, ¡ay!, "no es el caminante quien dirige sus propios pasos". Una espléndida mañana de

---

[18] Salmo 23, 5.

principios de primavera del año de 1842, mientras hacía su paseo habitual, se encontró por casualidad a su antiguo amigo, el "conferenciante" que la había traído a W—, quien iba acompañado de un esclavo fugitivo. Joven, fornido y muy apuesto, este contó que había sido servido como criado en la mansión de un amo, lo que parecía justificar en alguna medida sus maneras caballerosas y su agradable talante. El encuentro fue totalmente accidental, pero sus consecuencias fueron funestas para la desdichada Alfrado, como su propia historia bien relata. Basta con decir que de ahí brotó una relación que a su debido tiempo acabó en matrimonio. Unos pocos días después abandonó W— y *todas* las comodidades de su hogar, y se trasladó a vivir a New Hampshire. Durante una época las cosas fueron bien y no hubo de temer peligro alguno, pero en mala hora dejó él a su joven y confiada esposa y se embarcó. Ella no tenía conocimiento de sus planes y esperó su regreso. Mas aguardó en vano. Pasaron los días y las semanas y continuó sin aparecer. A la sazón su corazón le jugó una mala pasada. Se sintió abandonada en un momento en que necesitaba más que nadie los cuidados y las atentas deferencias de un marido fiel. Durante un tiempo intentó mantenerse *por sí misma*, pero le resultó imposible. Tenía amigos, pero la gran mayoría pertenecía a esa clase que son pobres en las cosas mundanas, si bien "ricos en fe". La caridad de la que dependía al final se desvaneció y no hubo nada que la salvase de la "Beneficencia", adonde no tuvo más *remedio* que recalar. Pero los sentimientos que la embargaron antes y después de llegar están mejor expresados si utilizamos sus propias palabras. Espero no traicionar la confianza de nadie si incluyo aquí parte de una carta que escribió a la que llamaba su madre, la señora Walker, concerniente a este tema:

* * * "La noche anterior a mi partida hacia esa horrible institución que iba a ser mi hogar, empaqué mi baúl, dentro del que coloqué con mucho cuidado todos los pequeños recuerdos y

detalles de afecto que recibí de *vos* y de mis amigos de W—, entre los que se encontraban un tintero transportable, unas plumas y unas hojas de papel. Mi preciosa Biblia la aparté para guardarla en otro lugar que ya tenía reservado, más próximo al corazón. No hace falta que os diga que no pegué ojo en toda la noche, pues no podía apartar de mi mente la imagen de mi hogar, de mi tranquilo y maravilloso hogar a vuestro lado. Contemplaba mi querido cuarto, con su pintoresca ventana orientada al este y al sol de la mañana, pero sobre todo os veía a *vos*, mi madre, mientras entrabais sin hacer ruido y os arrodillabais al lado de mi cama para leerme, pues nadie sabe leer como *vos*: 'El Señor es mi pastor, nada me falta'.[19] Me es imposible seguir, porque las lágrimas me nublan la vista. Describiré la mañana y el frugal desayuno en otra ocasión.

Nos pusimos en camino. El hombre que vino a recogerme era todo lo amable que cabía esperar de una persona de su oficio. Me ayudó a subir a la carreta, pues yo no tenía fuerzas suficientes para hacerlo sola, y partimos. No pronuncié palabra durante millas y el silencio solo se veía roto por algún tipo de expresión pronunciada por el cochero, que el caballo parecía comprender perfectamente, puesto que aceleraba entonces el paso. Y así seguimos hasta antes del anochecer, cuando nos detuvimos delante de aquella institución preparada para recibir a los *desamparados*. La gobernanta me recibió con fría cortesía y ordenó a una de las internas que me enseñase mi cuarto, lo cual hizo. La seguí escaleras arriba hasta llegar al segundo piso. Subí a duras penas, arrastrándome como podía, y cuando me dijo: 'Entra ahí', la obedecí y le pedí mi baúl, que pronto me hizo llegar. Aquella estancia estaba amueblada de forma parecida al 'aposento del profeta', solo que sin 'vela', por lo que cuando tuve ánimos para bajar rogué que me diesen una lamparilla y fui satisfecha. Entonces me dejé caer encima de la cama y rompí en un llanto amargo hasta que no me quedaron más lágrimas. Me levanté y traté de rezar, pues me parecía tener al Salvador muy

---

[19] Salmo 23.

cerca. Abrí mi preciosa Biblia y el primer verso que atrajo mi atención fue: 'Pobre y necesitado soy, mas el Señor no deja de pensar en mí'. ¡Oh, madre, si pudiese expresaros el consuelo que me dieron estas palabras! Me senté tranquilizada, casi dichosa y, cogiendo la pluma, escribí aprovechando la inspiración de aquel momento:

> ¡Oh, santo Padre, por vuestro poder
>     he llegado hasta aquí en la vida!
> En esta hora de oscuridad y angustia,
>     Dios Todopoderoso, no me abandonéis.
>
> ¿Acaso no me alimentasteis y sostuvisteis
>     en mis años de infancia y juventud?
> ¿Acaso no tengo claros testimonios
>     de vuestra inmutable verdad?
>
> No tengo un hogar que pueda llamar propio,
>     mas mi corazón no se aflige.
> El elegido vive en la tierra ignoto,
>     pero en la gloria deslumbrará.
>
> Cuando el Redentor habitó entre nosotros,
>     eligió vivir entre los desamparados.
> Entre los suyos quiso estar, pero ¡ay!,
>     no lo aceptaron.
>
> A menudo la montaña fue su morada,
>     y la fría y helada tierra su camastro.
> La luz de medianoche con su tenue claridad iluminaba
>     su desprotegida cabeza.

Pero *mi* cabeza *estaba protegida*, y por ello traté de mostrarme agradecida".

\*          \*          \*          \*          \*

Después de su llegada a su nuevo hogar recibió dos o tres cartas de sus amigos de W—, pero luego vino el silencio. Ninguno de nosotros sabía si todavía se encontraba con vida o si había partido hacia la casa celestial. Sin embargo, parece que permaneció en aquel lugar hasta después del nacimiento de su hijo. Entonces regresó el desleal esposo y se la llevó a un pueblo de New Hampshire, donde durante un tiempo veló convenientemente por el bienestar de ella y de su retoño. Pero volvió a abandonarla como lo había hecho antes, de repente y a traición, y ella ya no lo volvió a ver nunca más. Sus esfuerzos por procurarse una parca manutención para ella y su hijo se vieron de nuevo recompensados por un cierto tiempo, pero la pugna diaria que se veía obligada a librar contra la miseria y la enfermedad convertía su existencia en una continua desesperación. Al final se abrió una puerta a la esperanza. Un caballero y una dama muy generosos tuvieron a bien acoger al niño en el seno de su propia familia y le proporcionaron todo lo necesario para su bienestar, sin ningún ánimo de lucro. Pero sabed que "serán recompensados en la resurrección de los justos". Dios ve estas acciones, estas obras de caridad. En cuanto a la afligida madre, también se acordaron de ella. El corazón de una extraña se sintió impelido a la compasión y le regaló una receta para tintar las canas. Alfrado se benefició de esta gran ayuda, que le ha proporcionado una cierta prosperidad. Mas su salud continúa siendo delicada y se ha visto forzada a recurrir a otro medio para ganarse la vida: escribir una autobiografía.

Tengo la confianza de que esta obra tan original que ha escrito se venda con facilidad, y que todos aquellos amigos que adquieran un volumen tengan presente que están contribuyendo al bienestar de una de las criaturas que más se lo merece, e incluso me atrevería a decir que más desgraciada es de la raza humana. Únicamente deseo añadir unas pocas líneas a modo de conclusión, pensadas para dar consuelo y valor a esta persona desamparada y desdichada. "Yo te socorreré", dijo el Señor".

"Yo te socorreré", fue la generosa promesa
        hecha por nuestro celestial Redentor,
bálsamo para el espíritu atribulado,
        pletórica de ternura y caridad.

"Yo te socorreré", cuando la tempestad
        arrecie y oscurezca el mundo;
a salvo de amenazantes calamidades,
        en mi pecho protector te cobijaré.

"Yo te socorreré", exhausto bendito,
        deposita *tus* cargas *en mí*.
¡Cómo podrás sentir fatiga o desfallecimiento,
        si mi brazo te rodea!

He sentido compasión por cada una de tus lágrimas,
        he escuchado y *contado* cada suspiro;
siempre he prestado oído atento
        a tus desesperadas súplicas.

¿Por qué entonces se desangra tu pecho herido
        transido por la aflicción del dardo?
¿Acaso no curo todas tus penas
        y te llevo en mi corazón?

Pronto la humilde tumba será
        tu calmo lugar de descanso;
tu espíritu una morada de paz encontrará
        en mansiones *cercanas a mi rostro*.

Tus vestiduras y corona relumbrante
        son más resplandecientes que el sol;
pronto enterrarás el cuerpo
        y te engalanarás con aquellas glorias.

Tiempo ha que fue templada tu dorada lira,
        a la que los ángeles ni una nota pueden arrancarle;
ninguna canción se ha cantado con ella,
        solo la de la Caridad sangrante y moribunda.

                                          ALLIDA

A LOS AMIGOS DE NUESTROS HERMANOS Y DE NUESTRAS HERMANAS DE COLOR VAN DIRIGIDAS ESTAS PALABRAS

Conozco a la autora de este libro desde hace muchos años y no ignoro las muchas privaciones y mortificaciones que ha padecido, por lo que me siento más obligada a añadir mi testimonio para que contribuya a subrayar la veracidad de su relato. Pertenece a esa clase de seres que algunos consideran no solo de un rango más bajo que los ángeles, sino de otro muchísimo inferior. Sin embargo, hace ya tiempo que aprendí que no hemos de fijarnos en el color del pelo, de los ojos o de la piel del hombre o de la mujer, pues el rasero por el que hemos de juzgarles es únicamente el de su vida. Y la autora de este libro parece ser una criatura hija de la desventura.

Durante la niñez se vio privada de sus padres y de todos aquellos dulces vínculos en los que se sostiene la infancia. En realidad, se puede afirmar que careció de ese feliz período, pues al ser trasladada con pocos años a un lugar al que no la unía afecto o lazo alguno, es posible preguntarse cómo no se convirtió con el tiempo en un *monstruo*. Además, esas mismas gentes que se llaman a sí mismas cristianas (el buen Dios me libre de ellas) fueron quienes acabaron con su salud, al someterla a un régimen de trabajo cruel tanto en el campo como dentro de casa. De hecho, la trataban como a una esclava, en todos los sentidos del término, y era una esclava solitaria.

Mas ha hallado algunos amigos en este mundo corrupto, que estuvieron dispuestos a hacer por otros lo que habrían querido que hiciesen por ellos; que quisieron que ella continuase viviendo y pasase su existencia terrenal entre ellos. Desde los dieciocho años de edad jamás ha disfrutado de una buena salud, por lo que se ha pasado buena parte del tiempo confinada en su cuarto, obligada a guardar cama. Ahora intenta escribir un libro y tengo la esperanza de que encuentre el favor del público y de que lo compren, porque es una mujer muy valiosa.

Su salud es delicada y tiene un hijo al que cuidar (pues, a propósito, estuvo casada), y al que desea proporcionar una educación. Durante su dolencia su hijo fue trasladado a una granja, ya que a ella le resultaba imposible costear su alojamiento semanal. Pero en cuanto recuperó las fuerzas necesarias, *fue* a por él y ahora disfruta de un hogar en el que vive contento y feliz, y en el que goza de la misma consideración que todos los demás que viven con él. Es un muchacho inteligente y avispado, y no hay duda de que en el futuro, si se le educa por el buen camino, se convertirá en un hombre de provecho. Es querido por sus compañeros y por todos los amigos de la familia, pues su familia no reconoce como amigos a aquellos que no lo incluyen como uno más de su círculo, al igual que a la madre, ya que ella es también merecedora de todo el afecto y generosidad con que se la trata. Aquellos amigos siempre se alegran de que les visite siempre que ella lo desea. No son estos pudientes, pero el cerrojo está siempre descorrido cuando alguna criatura que sufre necesita amparo, y siempre se hallan dispuestos a compartir la última hogaza de pan con los más necesitados que ellos, pues recuerdan aquellas palabras que dicen: "Siempre que puedas haz el bien". Y siempre podemos encontrar la oportunidad si nos hallamos en disposición de hacerlo.

Para finalizar, quiero añadir que espero que aquellos que se llaman a sí mismos amigos de nuestros hermanos de color tiendan una mano a nuestra hermana y la socorran, no dándole nada, sino comprando el libro. El gasto es nimio, pero la recompensa por hacer este acto de caridad es inmensa. Tenemos una obligación para con nuestro prójimo, por lo que cuando dejamos pasar la oportunidad, no nos damos cuenta de lo que hemos perdido. Por ello deberíamos entregarnos con todas nuestras fuerzas a hacer aquello que está en nuestras manos poder hacer, y recordar las palabras de Aquel que fue por el mundo sembrando el bien, y que dijo que: "En verdad os digo que cuanto hicisteis a unos de estos hermanos míos pequeños, a mí me lo hicisteis"20; e incluso un vaso de agua no será olvidado. Trabajemos, por ello, hasta que dure el día para no perder la recompensa que nos aguarda.

MARGARETTA THORN

MILFORD a 20 de julio de 1859

Como siento un profundo interés por el bienestar de la autora de este volumen y albergo la esperanza de que circule por muchas partes, deseo decir unas pocas palabras a su favor. La conozco desde hace algunos años y siempre me ha parecido digna de la estima de todos los amigos de la humanidad, pues en todo lo que se afana deposita su alma entera. A pesar de que su tez es un poco más cetrina que la mía, considero que para mí es un privilegio relacionarme con ella y asistirla siempre que se presenta la oportunidad. Redacto estas líneas, pues, con este motivo, consciente de que todos aquellos que tengan algún conocimiento del carácter de la autora o quieran tenerlo se interesarán por este libro. Tengo la confianza de que nadie se negará a animarla en su trabajo, pues es merecedora de la conmiseración de todos los cristianos y de todos aquellos que albergan en su corazón un destello de humanidad.

Como no creo que sea necesario escribir una carta demasiado extensa, concluyo deseando que Dios se compadezca de ella.

C. D. S.[21]

---

[20] San Mateo 25, 40.
[21] C. D. S. son las siglas legales de "Colored Indentured Servant" (criado de color contratado).

# Biblioteca Javier Coy d'estudis nord-americans

1. Carme Manuel, Guía bibliográfica para el estudio de la literatura norteamericana

2. Carme Manuel, ed., Teaching American Literature in Spanish Universities

3. Russell DiNapoli, The Elusive Prominence of Maxwell Anderson's Works in the American Theater

4. José Beltrán, Celebrar el mundo: introducción al pensar nómada de George Santayana

5. Nieves Alberola, Texto y deconstrucción en la literatura norteamericana postmoderna

6. María Ruth Noriega, Challenging Realities: Magic Realism in Contemporary American Women's Fiction

7. Belén Vidal, Textures of the Image: Rewriting the American Novel in the Contemporary Film Adaptation

8. Santiago Juan Navarro, Postmodernismo y metaficción historiográfica: una perspectiva interamericana

9. Antonio Lastra, La Constitución americana y el arte de escribir

10. Yvonne Shafer, The Changing American Theater: Mainstream and Marginal, Past and Present

11. Vicente Cervera y Antonio Lastra, eds., Los reinos de Santayana

12. David Hamilton, Textualities: Essays on Poetry in the United States

13. Carme Manuel and Paul S. Derrick, eds., Nor Shall Diamond Die: American Studies in Honour of Javier Coy

14. Maurice A. Lee, The Aesthetics of LeRoi Jones/Amiri Baraka: The Rebel Poet

15. Xavier García Raffi, Alfred North Whitehead: un metafísico atípico

16. Carmen Rueda Ramos, Voicing the Self: Female Identity and Language in Lee Smith's Fiction

17. Maurice A. Lee, The Image of Women in Literature of the Harlem Renaissance

18. Paul Scott Derrick, "We Stand Before the Secret of the World": Traces Along the Pathway of American Romanticism

19. Javier Alcoriza, El poder de la escritura. La ética literaria de Henry Adams

20. J. Hillis Miller, Zero Plus One

21. Francisco Collado, El orden del caos: literatura, política y posthumanidad en la narrativa de Thomas Pynchon

22. Ana María Fraile Marcos, Planteamientos estéticos y políticos en la obra de Zora Neale Hurston

23. Suzanne Greenslade, Under the Magnolias: Growing Up White in the South

24. Miriam López and Mª Dolores Narbona, eds., Women's Contribution to Nineteenth-Century American Theatre

25. Susana Mª Jiménez Placer, Katherine Anne Porter y la Revolución Mexicana: de la fascinación al desencanto

26. Fabio L. Vericat, From Physics to Metaphysics: Philosophy and Allegory in the Critical Writings of T. S. Eliot

27. Juan J. Coy, Entre el espejo y el mundo. Texto literario y contexto histórico en la literatura norteamericana (I)

28. Juan J. Coy, Entre el espejo y el mundo. Texto literario y contexto histórico en la literatura norteamericana (II)

29. Antonio Lastra, Emerson transcendens. La trascendencia de Emerson

30. Juan I. Guijarro y Ramón Espejo, eds., Arthur Miller: visiones desde el nuevo milenio

31. Manuel Vela Rodríguez, La lucha contra el nihilismo: la recuperación platónica de Stanley Rosen

32. Jesús Ángel González López, La narrativa popular de Dashiell Hammett: 'pulps,' cine y comics

33. Mercedes Peñalba, Sinclair Lewis: la ironía como conciencia crítica

34. Gabriel Torres Chalk, Robert Lowell: la mirada de Aquiles

35. Antonio Lastra, Herencias straussianas

36. Mª Rosario Ferrer Gimeno, El viaje de Helen Hanff a 84, Charing Cross Road

37. Fernando Beltrán Llavador, La encendida memoria: aproximación a Thomas Merton

38. Carme Manuel, La reconstrucción del Sur en la narrativa de George W. Cable y Thomas N. Page

39. Paul S. Derrick, Norma González y Anna M. Brígido, La poesía temprana de Emily Dickinson: el primer cuadernillo

40. Douglas Edward LaPrade, Censura y recepción de Hemingway en España

41. Elvira del Pozo Aviñó, ed., Integralism, Altruism and Reconstruction: Essays in Honor of Pitirim A. Sorokin

42. Carolina Núñez Puente, Feminism and Dialogics: Charlotte Perkins Gilman, Meridel Le Sueur, Mikhail M. Bakhtin

43. Rosa María Díez Cobo, Nueva sátira en la ficción postmodernista de las Américas

44. María Frías, José Liste and Begoña Simal, eds., Ethics and Ethnicity in the Literature of the United States

45. Maria del Guadalupe Davidson, The Rhetoric of Race: Towards a Revolutionary Construction of Black Identity

46. Rodrigo Andrés, Herman Melville: poder y amor entre hombres

47. Gerald Vizenor, Literary Chance: Essays in Native Survivance

48. Douglas Edward LaPrade, Hemingway and Franco

49. Mary Chesnut, Páginas de un diario de la Guerra Civil, trad. y ed. Carme Manuel

50. Sarah Orne Jewett, La tierra de los abetos puntiagudos, trad. y ed. Paul S. Derrick y Juan López Gavilán

51. Charlotte Perkins Gilman, Mujeres y economía, trad. y ed. Empar Barranco Ureña

52. Frances E. W. Harper, Iola Leroy, o las sombras disipadas, trad. Ángeles Carreres; ed. Carme Manuel

53. Olga Barrios, The Black Theatre Movement in the United States and in South Africa

54. Mª Gema Fernández Sampedro, El viaje en la ficción norteamericana: símbolos e identidades

55. Mary Rowlandson, La verdadera historia del cautiverio y restitución de la señora Mary Rowlandson, trad. y ed. Elena Ortells

56. Empar Barranco Ureña, Willa Cather: el reverso de la alfombra

57. Beatriz Ferrús Antón, Sor María de Ágreda: historia y leyenda de la dama azul en Norteamérica

58. Jack Kerouac, Mexico City Blues (Sesenta Poemas), trad. y ed. Rolando Costa Picazo

59. Fred Hobson, A Southern Enigma: Essays on the U.S. South

60. Constante González Groba, On Their Own Premises: Southern Women Writers and the Homeplace

61. Agustín Reyes Torres, Walter Mosley's Detective Novels: The Creation of a Black Subjectivity

62. Nancy Prince, Vida y viajes de la señora Nancy Prince, trad. Sergio Saiz; ed. Carme Manuel

63. A. Robert Lee, USA: Re-viewing Multicultural American Literature

64. Mar Gallego and Isabel Soto, eds. The Dialectics of Diasporas: Memory, Location and Gender

65. Graziella Fantini, Shattered Pictures of Places and Cities in George Santayana's Autobiography

66. Elena Ortells Montón, Truman Capote, un camaleón ante el espejo

67. María Jesús Castro Dopacio, Emperatriz de las Américas: la Virgen de Guadalupe en la literatura chicana

68. Louisa May Alcott, Louisa May Alcott: tres relatos de adultos, trad. y ed. Miriam López Rodríguez

69. Emilia María Durán Almarza, Performeras del Dominicanyork: Josefina Báez y Chiqui Vicioso

70. Francisco Javier Rodríguez Jiménez, ¿Antídoto contra el antiamericanismo? American Studies en España, 1945-1969

71. Rubén Vázquez Negro, Sam Shepard: el teatro contra sí mismo

72. Juan José Coy, Mark Twain o el sentimiento trágico del humor

73. Douglas Edward LaPrade, Hemingway prohibido en España

74. Elisa María Martínez Martínez, Hitchcock: imágenes entre líneas

75. Michael Rockland, Un diplomático americano en la España de Franco

76. Nephtalí de León, Chicanos: Our Background and Our Pride

77. Teresa Gómez Reus, ed., ¡Zona prohibida! Mary Borden, una enfermera norteamericana en la Gran Guerra

78. Víctor Junco Ezquerra, Cristina Garrigós, Daniel Fyfe, Manuel Broncano, ed., El 11 de septiembre y la tradición disidente en Estados Unidos

79. Carlos X. Ardavín Trabanco, Jorge Marí, coord. Ventanas sobre el Atlántico: Estados Unidos-España durante el postfranquismo (1975-2008)

80. Beatriz Ferrús Antón, Mujer y literatura de viajes en el siglo XIX: entre España y las Américas

81. José Beltrán, Manuel Garrido, Sergio Sevilla, eds. Santayana, un pensador universal

82. Paul Mitchell, Sylvia Plath: The Poetry of Negativity

83. Yvonne Shafer, Eugene O'Neill and American Society

84. Rolando Costa Picazo, ed. Emily Dickinson: oblicuidad de luz (95 poemas)

85. Urszula Niewiadomska-Flis, The Southern Mystique: Food, Gender and Houses in Southern Fiction and Films

86. Fernando Savater, Acerca de Santayana, ed. José Beltrán y Daniel Moreno

87. Carmen Castilla, Diario de viaje a Estados Unidos. Un año en Smith College (1921-1922), ed. Santiago López-Ríos Moreno

88. Paul S. Derrick, Nicolás Estévez, Gabriel Torres Chalk, ed., La poesía temprana de Emily Dickinson: Cuadernillos 2 & 3

89. Judit Ágnes Kádár, Going Indian: Cultural Appropriation in Recent North American Literature

90. Lisa Ann Twomey, Hemingway en la crítica y en la ficción de la España de postguerra

91. Elena Ortells Montón, Prisioneras de salvajes: relatos y confesiones de mujeres cautivas de indios norteamericanos

92. Constante González Groba, ed., La mujer en la literatura femenina del sur de los Estados Unidos

93. Márgara Averbach, Caminar dos mundos: visiones indígenas del mundo en la literatura y el cine de Estados Unidos

94. Dídac Llorens Cubedo, T.S. Eliot and Salvador Espriu: Converging Poetic Imaginations

95. Cristina Martínez-Carazo, Almodóvar en la prensa de Estados Unidos

96. Ángel Chaparro Sainz, Parting the Mormon Veil: Phyllis Barber's Writing

97. Fabio Nigra, Historias de cine: Hollywood y Estados Unidos

98. Constante González Groba, ed., Unsteadily Marching On: The U.S. South in Motion

99. Thomas E. Chávez, Manuel Álvarez (1796-1856): un leonés en el Oeste americano. Trad. Imelda Martín Junquera

100. Félix Martín Gutiérrez, Retorno a la historia literaria norteamericana: itinerarios críticos y pedagógicos

101. Juana Celia Djelal, Melville's Antithetical Muse: Reading the Shorter Poems

102. Candela Delgado y Cristóbal Clemente, ed., Identidad y disidencia en la cultura estadounidense

103. José Antonio Gurpegui, Hemingway and Existentialism

104. Juan Miguel Company, Hollywood: el espejo pintado (1901-2011)

105. Eva Pich Ponce, Marie-Claire Blais y Margaret Atwood: bellas bestias, oráculos y apocalipsis

106. Thomas S. Harrington, Livin' la Vida Barroca: American Culture in an Age of Imperial Orthodoxies

107. Simon Ortiz, Un buen viaje. Trad. y ed. Márgara Averbach

108. Rubén Peinado Abarrio, Learning To Be American: Richard Ford's Frank Bascombe Trilogy
      and the Construction of a National Identity

109. Erza Pound, Ezra Pound: Primeros Poemas (1908-1920). Trad. y ed. Rolando Costa Picazo

110. Rae Armantrout, Rae Armantrout. Poemas (2004-2014). Trad. y ed. Natalia Carbajosa

111. Noelia Hernando Real, Voces contra la mediocridad: la vanguardia teatral de los Provincetown Players, 1915-1922

112. Paul S. Derrick, Nicolás Estévez, Gabriel Torres Chalk, ed., La poesía temprana de Emily Dickinson:
      Cuadernillos 4, 5 & 6

113. Teresa Requena Pelegrí, Gertrude Stein: teatro y vanguardia

114. Maria Christina Ramos, Mapping the World Differently: African American Travel Writing about Spain

115. José Manuel Benítez Ariza, Un sueño dentro de otro: la poesía en arabesco de Edgar Allan Poe

116. Alex Fernández de Castro, La masía, un Miró para Mrs. Hemingway

117. A. Robert Lee, Americas: Selected Verse and Vignette

118. Laura López Peña, Beyond the Walls: Universalism in Herman Melville's Clarel

119. Nicolás Estévez, ed., Remando de noche: la poesía de Donald Wellman

120. Fernanda Bustamante y Beatriz Ferrús, coords., Miradas cruzadas: escritoras, artistas e imaginarios
      (España-EE.UU., 1830-1930)

121. Valeria L. Carbone & Fabio Nigra, eds., El pensamiento crítico desde Sudamérica:
      tres años de Huellas de Estados Unidos

122. Márgara Averbach, Leer antes: crítica literaria en suplementos culturales

123. Ana Fernández-Caparrós, El teatro de Sam Shepard en el Nueva York de los sesenta

124. Oreto Doménech i Masià, Poesia digital: Deena Larsen i Stephanie Strickland

125. Oreto Doménech i Masià, Poesía digital: Deena Larsen y Stephanie Strickland

126. Juan José Calvo García de Leonardo, Traslación, agresión y trasgresión: guerra y sexo ilícito en doce extractos
      de Hemingway, Mailer, Updike y Nabokov

127. Fabio Nigra, ed. El buen vecino: Estados Unidos desde Argentina y Brasil

128. John Howard, White Sepulchres: Palomares Disaster Semicentennial Publication

129. Paul Scott Derrick, Lines of Thought: 1983-2015

130. Beatriz Ferrús y Alba del Pozo, coords. Mosaico transatlántico: escritoras, artistas, imaginarios
(España-USA, 1830-1940)

131. Sonia Petisco, Thomas Merton's Poetics of Self-Dissolution

132. Carolina Soria Somoza, Hombres sin atributos: masculinidades en la ficción chino-americana contemporánea

133. Juan F. Trillo, Tom Wolfe: cronista de la Norteamérica sin Dios

134. Andrés Sánchez Padilla, Enemigos íntimos: España y los Estados Unidos antes de la Guerra de Cuba (1865-1898)

135. Paul S. Derrick, Nicolás Estévez y Francisca G. Arias, ed., La poesía temprana de Emily Dickinson: Cuadernillos 7 & 8

136. Leandro Palencia, Todd Haynes: manierismo queer en Lejos del cielo

137. Gabriel Torres-Chalk, Mi ataúd abierto: Robert Lowell y la subversión de la elegía

138. José Manuel Benítez Ariza, Cosas que no creeríais. Una vindicación del cine clásico norteamericano

139. Alex Fernández de Castro, Tras el rastro de La masía, Miró y Hemingway: viajes y entrevistas

140. Santiago Posteguillo, Los relatos de Carson McCullers: viaje hacia la génesis de un estilo

141. Luis Pérez Ochando, Noche sobre América: cine de terror después del 11-S

142. Márgara Averbach, Contra la muerte en vida: literatura y cine contemporáneos estadounidenses e instituciones totales

143. Nieves Alberola Crespo, Susan Glaspell y los Provincetown Players: laboratorio de emociones (1915-1917)

144. William Allegrezza, Epics of the Americas: Whitman's Leaves of Grass and Neruda's Canto general

145. Nailya Garipova, La cultura rusa en las obras de Nabokov

146. Bárbara Gudaitis, Vanesa Cotroneo, María Laura Cucinotta, Magdalena Testoni, eds., Escribir bajo amenaza:
identidad y resistencia en las literaturas afroamericana y amerindia de los Estados Unidos

147. Carmen Rueda-Ramos and Susana Jiménez Placer, eds., Constructing the Self: Essays on Southern Life-Writing

148. Jorge Majfud, U.S.A. ¿Confía Dios en nosotros?

149. Jorge Majfud, Neomedievalism. Reflections on the Post-Enlightenment Era

150. Vicent Cucarella Ramon, Sacred Femininity and the Politics of Affect in African American Women's Fiction

151. Paul S. Derrick, Nicolás Estévez y Francisca González Arias, La poesía temprana de Emily Dickinson.
Cuadernillos 9 & 10

152. Thomas S. Harrington, A Citizen's Democracy in Authoritarian Times: An American View
on the Catalan Drive for Independence

153. Sonia Petisco, Thomas Merton: pasión por la palabra

154. Kevin Richard Kaiser, An Ethics Beyond: Posthumanist Animal Encounters and Variable Kindness
in the Fiction of George Saunders

155. Isabel Robles i Encarna Sant-Celoni, Adrienne Rich: Twenty-One Love Poems: Vint-i-un poemes d'amor (1974-1976)

156. Aviva Chomsky, Unwanted People

157. Valeria L. Carbone y Mariana Mastrángelo, ed., Anatomía de un imperio: Estados Unidos y América Latina

158. Walt Whitman, Días ejemplares. Trad. y ed. Santiago Rodríguez Guerrero-Strachan

159. Isabel Castelao-Gómez y Natalia Carbajosa Palmero, Female Beatness: mujeres, género y poesía en la Generación Beat

160. Hasan G. López Sanz, La pintura de frontera de George Catlin: una etnografía entre la escritura de viajes y la imagen

161. Urszula Niewiadomska-Flis, ed. Ex-Centric Souths: (Re)Imagining Southern Centers and Peripheries

162. Emilio Sales Dasí, Blasco Ibáñez en Norteamérica

163. Toni Montesinos, El fruto de la vida diversa. Artículos sobre literatura norteamericana

164. Valeria L. Carbone, Una historia del movimiento negro estadounidense en la era post derechos civiles (1968-1988)

165. Nephtalí de León, La Llorona, A Spirit Unable to Rest (Un ánima que no descansa)

166. Juan Carlos Calvillo Reyes, Emily Dickinson: un estudio de poesía en traducción al español

167. Rita Dove, Thomas y Beulah, Rita Dove. Trad. y ed. Márgara Averbach

168. James Fenimore Cooper, Cuentos para quinceañeras, James Fenimore Cooper. Trad. y ed. de Marcelo G. Burello y Alejandro Goldzycher

169. María Jesús Rodríguez Hernández, Las heridas de la ausencia. Poesía de nostalgia en Canadá y Estados Unidos

170. Jorge Majfud, Perros sí, negros no: las raíces y los frutos del racismo estadounidense

171. John Howard, Felling & Pining

172. Anna M. Brígido-Corachán, ed. Indigenizing the Classroom: Engaging Native American/First Nations Literature and Culture in Non-Native Settings

173. Ignacio F. Rodeño Iturriaga, Four Books, One Latino Life: Reading Richard Rodriguez

174. Pilar Illanes Vicioso, Tennessee Williams y la Norteamérica de posguerra

175. Alfonso Martínez Berganza, Hemingway en la España taurina

176. Maite Aperribay Bermejo, Ecoxicanismo: autoras chicanas y justicia medioambiental

177. Rebeca Gualberto Valverde, Wasteland Modernism: The Disenchantment of Myth

178. Ana Pol Colmenares, Las voces de Theresa Hak Kyung Cha: trauma, silencios, balbuceos

179. Jorge Majfud, La privatización de la verdad: la continuidad de la ideología esclavista en Estados Unidos

180. Daniel Pinkas, ed. Recently Discovered Letters of George Santayana / Cartas recién descubiertas de George Santayana. Trad. Daniel Moreno, presentación José Beltrán

181. Carolina Fernández Rodríguez, American Quaker Romances: Building the Myth of the White Christian Nation

182. Benjamin Drew, The Refugee: Narratives of Fugitive Slaves in Canada. Trad. y ed. Vicent Cucarella Ramon

183. Christine Jensen Hogan, Un pas de deux, un pas de Dieu: Anne Bradstreet y Thomas Merton, una conversación. Trad. y ed. Fernando Beltrán Llavador

184. John Howard, Truths Up His Sleeve: The Times of Michael Cacoyannis

185. Rodolfo F. Acuña, Occupied America: The Chicanos Struggle toward Liberation. Trad. y ed. José Juan Gómez-Becerra

186. Carme Manuel, ed. The Slave's Little Friends: American Antislavery Writings for Children

187. Noelia Hernando-Real, Rosas en la arena: los relatos de Susan Glaspell

188. Eusebio V. Llácer Llorca, El placer estético del terror: tres cuentos de Edgar Allan Poe

189. Jorge Majfud, El otoño de la plutocracia americana

190. Malena López Palmero, Del paraíso ultramarino al infierno colonial: Virginia (siglos XVI-XVII)

191. Nieves Alberola Crespo, Susan Glaspell: teatro, vanguardia y humor (1917-1918)

192. Sandra Llopart Babot, African American Women's Literature in Spain: Translation and Reception

193. Sara Martín, Detrás de la máscara: masculinidades americanas en el documental contemporáneo

194. Gérald Préher and Frédérique Spill, eds., Facets of the American South: Essays on a Peculiar Region

195. Andrea Burgos Mascarell & Miguel Martínez López, El ocaso de koinonia: la distopía en la literatura norteamericana

196. Donald Wellman, Ejercicios romanos. Trad. Francisca González-Arias

197. Jorge Majfud, Crisis de las democracias liberales: el derrumbe de la Pax americana

198. Elizabeth Keckley, Entre bastidores, o treinta años de esclavitud y cuatro en la Casa Blanca, por Elizabeth Keckley: esclava en el pasado, pero desde hace unos años modista y amiga de la señora Lincoln

199. Jesús Rosales, ed., Escritoras mexicoamericanas de la primera mitad del siglo XX: Sus voces en español

200. Márgara Averbach, Diario cinematográfico de Márgara Averbach

201. Jorge Majfud, Moscas en la telaraña. Capitalismo anglosajón y postcapitalismo norteamericano

202. Paula Barba Guerrero, ed., Narrar la herida: deudas con la memoria en la narrativa contemporánea de mujeres

203. Lola Ridge, El gueto i altres poemes. Trad. Pepa Úbeda

204. Moisés Rodríguez Escobar, Autoritarismo y democracia: relaciones diplomáticas entre España y Estados Unidos